누가 일본의 얼굴을 보았는가

누가 일본의 얼굴을 보았는가

● 이규배 지음

푸른역사

|머리말|

천황의 멍에로부터 자유를

황거를 향하여!

1938년 4월 어느 날, 나는 같은 연구실 일본인 동료의 한 제안을 받고 적지 않게 당황했다. 물론 그 일본인 동료도 주저주저하며 얘기를 꺼낸 참이었다.

"며칠 후면 천황(히로히토) 생일인데 황거(皇居;천황의 거처)에 같이 가보지 않겠습니까?"

나는 속으로 깜짝 놀랐다. 무슨 저의가 있는가 싶어 경계심까지 일 정도였다. 그래서 처음에는 "할 일 없이 그런데 왜 가느냐"고 거절을 했는데, 이야기를 주고받는 중에 달리 저의가 있는 게 아님을 알게 됐다. 그러나 내 입에서는 '좋다' 라는 대답이 쉽게 나오지 않았다. 얘기를 주고받으면서도, 머릿속에서는 '역사의 잣대' 가 쉴새없이 이리 재고 저리 재느라고 분주했다. 결국 내가 내린 결론은 '일본 속의 천황' 을 알기 위해서는 그런 현장 정도는 직접 가볼 필요가 있다는 쪽이었다. 함께 가기로 약속은 해놓았지만, 내 마음은 여전히 복잡하기만 했다. 그것은 아마도 '천황 =원흉'이라는 멍에가 나를 짓누르고 있었기 때문일 것이다.

그리고 다가온 천황 생일날, 황거 안뜰에는 엄청나게 많은 각양각색의 일본인들이 와 있었다. 모두가 천황이 모습을 드러낼 베란다 쪽을 주시하면서 이야기를 나누고 있었고, 나는 어떤 사람들이 얼마나 왔는지 궁금해서 주위를 두리번거리고 있었다. 그때 갑자기 "와!" 하는 환호성과 함께 박수갈채가 터져나왔다. 드디어 천황과 그 일가족이 베란다에 모습을 드러낸 것이다. 웅성대던 분위기가 일순간에 환호와 박수와 일장기의 물결로 뒤덮였다. 한마디로 대단한 광경이었다. "와!" 하는 환호성은 계속되었고, 간간이 당시 대중적으로 인기가 높던 천황 며느리 이름인 "미치코!"를 부르는 소리도 여기저기서 들려왔다. 바로 그날, 나는 순식간에 달아오른 이 뜨거운 분위기에 여러 가지 의미가 담겨 있음을 알게 되었다.

잊을 수 없는 어느 세 장면

내 주위에는 친구 사이로 보이는 일본인 젊은 남녀들이 서 있었다. 그런데 이들 젊은이들은 황거 안이 한참 달아오를 때에도 일장기를 열심히 흔들어대지도 않고, 소리 높여 환호성을 지르지도 않았다. 다만 이들 가운데 몇 명이 "미치코!" 하며 환호하다가 그냥 자기들끼리 무슨 얘긴가를 주고받길래 가만히 들어보았더니, 천황 며느리의 패션에 대해 대화를 나누고 있었다. 모자가 어떻고 의상이 어떻다는 이야기들이었다. 술집에서 얘기를 나누듯이, 그런 잡담을 하고 있었다. 이 젊은이들에게 그날의 행사는 천황 며느리에 대한 가벼운 호기심을 확인하는 휴일의 소일거리에 지나지 않는 것처럼 보였다. 국수주의적인 천황주의자들이나 모여드는 것으로 알았던 이 행사에는 이런 자유로운 일본인들도 적지 않게 참가했을 것으로 생각되었다.

그런데 환호성이 잦아들고 주위가 조용해질 무렵, 내 뒤편에서 갑자기 "천황 폐하 만세!"라는 힘찬 외침이 들려왔다. 그러더니 이에 화답하듯 순식간에 황거 안 곳곳에서 "천황 폐하 만세!"라는 외침이 터져나왔고, 이 외침은 한참이나 계속되었다. 나는 순간적으로 온 신경이 곤두서는 느낌을 받았다. 돌아보니 재건복을 입고 질서 있게 대열을 이룬 건장한 사내들이 양손을 높이 쳐들면서 만세를 외치고 있었다. 이런 무리들은 내 뒤편에만 있는 것이 아니라, 곳곳에 진을 치고 있었다. 순간적으로 우익단체 구성원임을 바로 느낄 수 있었다. 이들은 황거 안의 분위기를 제압이라도 하려는 듯이, 한참 동안이나 "천황 폐하 만세!"를 힘차게 외치고 또 외쳤다. 의식적이든 무의식적이든 내가 상상하고 있던 천황과 일본인의 관계는 바로 이런 것이기도 했다. 젊은이들의 패션 얘기를 들을 때와는 정반대로 내 등줄기로 한기가 스쳤다.

만세 외침이 한참 이어지고 있을 때, 나의 시선을 끈 또 다른 장면은 천황을 향해 혼자서 큰절을 올리는 어느 꼬부랑 할아버지였다. 허리가 무척 휜 이 할아버지는 마지막 하직인사라도 하듯이, 정중하면서도 깊게 몸을 숙이며 천천히 땅바닥 위에 엎드려 큰절을 하고 있었다. 당시 여든 살을 넘어선 천황과 비슷한 연배의 할아버지였다. 히로히토와 함께 험난한 시대를 살아온 할아버지였을 것이다. 이 할아버지는 패션도 모르고 또한 우익단체 사내들과 같은 천황주의자도 아닌 듯했다. 다만 한때의 절대적인 '군주'에 대한 봉건적 의식에서 벗어나지 못하고 있거나, 아니면 그 경배의식을 잊지 않고 있는 것으로 생각되었다. 이 할아버지는 홀로 큰절을 다 하더니, 행사가 끝난 뒤 왔던 길을 혼자 쓸쓸히 되돌아갔다. 이 할아버지에 대해 내가 느낀 감정은 어떤 연민의 정 같은 것이었다.

이날 황거에서 있었던 세 장면, 자유로운 젊은이들과 우익단체의 사내들, 그리고 꼬부랑 할아버지에 대한 경험은 그날 이후 두고두고 내 기억에 선명히 남아 있다. 비록 부분적인 모습에 지나지 않지만, 이날 내가 얻은 것은 천황에 대한 일본인의 정서가 결코 똑같지 않다는 점이었다.

천황을 보는 또 하나의 눈

　일본 역사 속의 천황도 어찌 보면 이처럼 다양한 형태를 띠고 있다. 일본측의 일부 주장에 따르면 초대 천황의 일본 건국은 기원전 660년으로 거슬러 올라간다고 하니 천황의 역사는 머잖아 2660년이 되며, 대수도 125대에 이른다. 계산상의 문제점이 있긴 하지만, 어쨌든 그 사이에 얼마나 다종다양한 천황과 얼마나 복잡다단한 사건·사연들이 숨쉬고 있겠는가.

　히로히토(쇼와 천황)의 얼굴이 모든 천황의 얼굴을 대표하는 것은 아니다. 이 얼굴은 백 개가 넘는 천황의 얼굴 가운데 하나에 지나지 않는다. 추악하고 포악한 천황이 있는가 하면, 눈물 나게 가련하고 눈물겹게 마음씨 고운 천황도 있다. 정치적인 천황이 있는가 하면, 사랑에 빠진 천황도 있다. 피로 물든 탐욕스런 천황이 있는가 하면, 더없이 마음을 비운 천황도 있다.

　못된 얼굴을 한 천황만 떠올린다면 그건 진실과 거리가 멀며, 또한 한두 명의 천황과 어느 한 시대만 보고 기나긴 천황의 역사를 재단하는 것 역시 타당하지도 바람직하지도 않은 일이다. 오히려 우리는 일본을 방문했던 어느 조선시대 관리가 했던 지적, 곧 "일본이라는 나라가 세워진 지 수천 년이 되었으니, 그 동안에 반드시 어진 임금이 있어서 백성의 가슴을 울리기도 했을 것이다"라는 말을 되새겨볼 만하다. 천황에 대한 착잡한 우리의 심정은 '어진 임금'을 포함해서 이런저런 다각형의 얼굴을 한 천황을 모두 보았을 때 비로소 온전하게 될 것이다.

무릇 모든 벌은 그 죄를 범한 사람에게만 내려져야 한다. 천황에 대해서도 예외가 아니다. 지탄받아 마땅한 천황과 그렇지 않은 천황은 분별되어야 한다. 이런 분별이 서지 않을 때, 우리를 구속하는 천황의 멍에는 점점 더 무거워질 것이다. 천황의 멍에에서 자유롭지 못하면 그에 비례해서 일본을 보는 우리의 눈에도 비늘이 낄 수밖에 없고, 천황의 멍에에서 벗어나면 그만큼 일본을 보는 데서도 자유를 얻을 것이다.

일본을 이해하는 데 천황은 가장 중요한 키워드 가운데 하나다. 천황을 보면 일본도 보이기 때문이다. 천황을 빼놓고 일본을 이해하는 것은, 《조선왕조실록》 없이 조선을 이해하는 것과 같을지 모른다. 그러나 우리는 천황이라는 존재에 대해 그다지 많은 정보와 이미지를 갖고 있지 못하다. 불과 몇 명의 천황에 대해 알고 있는 것이 전부일 것이다. 너무나 많은 천황의 얼굴이 미지수인 채로 가면 뒤에 잠들어 있다. 여러 유형의 서적들이 출판되어 있으나, 천황 이야기를 전체적이고 체계적이면서 동시에 흥미롭게 들여다본 대중적인 교양서적은 아직까지 빈 공간으로 남아 있는 듯하다.

이 책은 일부나마 이러한 빈 공간을 채우기 위해 씌어진 글이다. 천황이 걸어갔던 길을 차근차근 밟아가면서, 오랜 옛날부터 오늘에 이르기까지 여러 형태로 나타난 천황의 얼굴을 그려나갔다. 가능한 한 천황의 전체적인 이미지를 파악할 수 있도록 구성하였고, 그와 관련된 일본의 숨겨진 이야기들을 소개하는 데에도 역점을 두었다. 그러나 사료에 치우치면 딱딱함을 면할 길 없고 가십으로 기울건 경박함을 피할 길 없으니, 흥미와 유익함을 동시에 담은 글을 쓴다는 건 심히 곤란한 작업임을 새삼 절감할 뿐이다.

원고를 작성하는 과정에서 나의 아내는 마지막까지 적절한 조언과 충고를 아끼지 않았다. 필자의 가장 훌륭한 모니터였던 아내와 밤 늦게 귀가하는 아빠를 이해해준 두 딸 가예와 다예에게 고맙다는 말을 남기고 싶다. 치밀하고 정교하게 원고를 다듬어준 김주영 씨에게는 특별히 감사의 마음을 전하고 싶다.

1999년 7월
탐라다학 연구실에서
이 규 배

차 례

1장 신들의 과거
태초에 섹스가 있었다 · 17 / 신들의 배반 · 25
춤추는 칼 · 34 / 상처뿐인 여신 · 42

2장 천황가의 두 얼굴
시작부터 꼬인 역사 · 49 / 막가는 집안구석 · 55
악마의 얼굴 · 65 / 형님 먼저, 아우 먼저 · 74
연기 없는 굴뚝 · 82

3장 벼랑 끝에 선 왕권
흔들리는 궁궐 · 93 / 추락한 용 · 103
나도 왕이로소이다! · 112 / 비에 젖은 궁궐 · 118
썩어도 준치, 망해도 황실 · 128

4장 되살아나는 신화

숨쉬는 미라 · 137 / 한 번 천황은 영원한 천황 · 145
무덤 위에 핀 천황 · 152 / 천황의, 천황에 의한, 천황을 위한 나라 · 161
군화 신은 천황 · 169 / 명지휘자 천황 · 178

5장 천황가의 그늘

작은 반란들 · 191 / 아, 인형의 집이여! · 199
일본을 흔든 1백 일 · 209 / 천황, 어디로 가느메뇨! · 216

부록 천황에 대해 궁금한 몇 가지

천황은 어떻게 불려왔나? · 227 / 천황만을 위한 국화 · 230
천황만을 위한 노래 · 232 / 일본의 국기는 왜 태양인가? · 235
여자 천황은 없는가? · 238 / 천황의 먹거리 · 242
일본 최고의 저택, 황거 · 245 / 천황의 계산목록 · 247
천황은 단순한 '일본의 상징'인가? · 249 / 천황의 지지도는 얼마나 될까? · 252

- ■글을 마치며 · 254
- ■주요 인용문헌 · 256
- ■역대 천황 인명 · 261

1장
신들의 과거

태초에 섹스가 있었다

"태초에 말씀이 있었다." 이는 성경의 유명한 첫 구절이다.
"태초에 행위가 있었다." 이는 유명한 사회주의자 로자 룩셈부르크의 세계관이다.
"태초에 섹스(Sex)가 있었다." 이는 일본 역사 첫 장의 기록이다. 일본을 비아냥대려고 하는 말이 아니다. 일본의 태초에 정녕 섹스가 있었기 때문이다. 서두부터 외설적인 내용이 되어서 모양새가 좋지는 않지만, 일본 황실의 혈통을 이어주었다고 전하는 신화(神話)는 일본이라는 나라를 만들기 위한 남녀 신의 성교에서부터 본격적으로 시작된다. 그런데 오히려 우리들에게는 '고상하고 위엄에 넘치는' 전설보다는, 이런 지극히 인간적이고 세속적인 일본 황실 조상신들의 '태초의 사랑 이야기'가 차라리 자연스럽게 들린다.
일본 신화에서 천황의 조상에 해당되는 신은 여럿 있는데, 그중에서 단연 최고의 신은 태양의 여신으로, 이세(伊勢) 신궁에 모셔져 있다는 천조대신(天照大神:아마테라스오오미카미)이다. 하늘의 지배자인 이 천조대신은 자기 손자(니니기노미코토)를 일본 땅 위로 내려보낸다. 그때 천조대신은 손자에게 이르기를 "이 땅은 나의 자손이 주인이 되어야 할 나라이다. 나의 손자인 네가 가서 통치하라. 역대 통치자들은 천지와 함께 무궁하게 번성하리라"고 말한다. 천조대신의 자식이 니니기를 낳고, 니니기의 손자가 낳은 사람이 곧 일본의 초대 천황이라는 진무(神武) 천황이다.

이렇게 되면 진무 천황을 비롯해서 히로히토, 지금의 헤이세이(平成) 천황 등 모든 역대 천황들은 머나먼 할아버지인 천조대신의 '한 마디 말씀'에 의해서 '일본에 대한 통치권'을 '영원한' 유산으로 물려받은 셈이 된다. 천조대신 이전에도 많은 신들이 존재하는데 유독 이 신이 일본에서 단연 최고의 신으로 꼽히는 이유도 이러한 정치적인 말을 남긴 때문으로 보인다. 메이지유신 이후 일본의 통치자들이 '일본의 주인은 천황'이라는 정치적인 선전을 펼친 것도 이 때문이며, 메이지헌법을 반포하던 당시에 천황이 "국가 통치의 대권은 짐이 조상으로부터 이어받은 것이며, 이를 자손에게 전해야 한다"고 말한 근거도 다 여기서 비롯된다.

물론 천조대신 이전에도 많은 신들이 등장한다. 이름도 복잡하고 길어, 외우기가 여간 까다롭지 않다. 최근에는 일본인 중에도 이들 신의 이름을 외우는 사람이 그렇게 많지 않은 걸 보면, 어렵기는 일본인도 마찬가지인가 보다. 게다가 이들 신들은 홀연히 등장했다가 말 한 마디 남기지 않고 바람과 함께 사라져버린다. 도대체 무엇 때문에 신화에 나타났는지조차 알 수 없을 정도이다.

일본이란 나라가 탄생하는 데 결정적인 역할을 한 이자나기노미코토와 이자나미노미크토. 이 두 사람의 사랑의 결과로 일본 국토가 만들어졌다.

유일하게 구체적인 행적을 남긴 신은 바로 이 천즈대신을 낳은 부모이다. 이들 신의 이름도 무척 길어서 남신의 이름은 '이자나기노미코토'이고 여신의 이름은 '이자나미노미코토'이다. 일본의 경제호황을 지칭할 때 '진무 경기'니 '이자나기 경기'니 하는 경제용어가 쓰였는데, 이 '이자나기 경기'라는 용어는 바로 이자나기노미코토라는 남신의 이름에서 따온 것으로, 머나먼 신화시대 이래 일본이 처음으로 맞는 경제호황이라는 뜻이다. 이들 두 명의 신은 일본 역사에서 절대적으로 중요한 일을 해낸다. 그러면 섹스는 과연 무슨 관련이 있을까? 일본의 신화가 전하는 이야기는 다음과 같다.

1장 신들의 과거 | 19

구슬로 장식된 길다란 창이 있었다.
이 창을 밑으로 내리꽂았다.
그리고 아래 바닥을 이리저리 휘저었다.
거기에 푸른빛의 벌판이 있었다.
아래 바닥에 내리꽂았던 길다란 창을 들어올렸다.
그 창끝에 매달린 액이 굳어졌다.
그리고 거기에 하나의 섬이 생겼다.

이것이 과연 무엇을 의미하는가는 독자의 상상에 맡긴다. 일본 신화는 이 섬이 만들어진 후에, 두 명의 남신과 여신이 이곳에 내려와서 부부행위를 통해 일본 땅을 만들려고 했다고 전한다. 그렇다면 앞에서 본 것은 보기 좋게 우리의 상상을 비켜 간 셈이다. 어찌 보면 앞 장면은 침대를 만들기 위한 사랑의 전주곡인 셈이다. 아닌게아니라 곧바로 서로 러브 콜을 하는 장면이 펼쳐진다. 계속해서 일본 신화를 따라가보자.

한가운데 커다란 기둥이 있다.
두 명의 남녀 신이 커다란 기둥을 사이에 두고 있다.
남신이 왼쪽으로 한 번 돈다.
여신도 이에 맞춰서 오른쪽으로 돈다.
그러다 두 사람의 얼굴이 마주친다.
그러자 여신이 먼저 말한다.
"아아! 기뻐요. 너무 멋진 젊은이를 만난 것 같아요!"
그러나 남신은 시큰둥했다.

"나는 사내요. 순서는 남자가 먼저 아니요! 어째서 여자가 먼저 그런 말을 하시오! 모양이 별로 좋지가 못하오. 다시 새로 합시다."

뭔지는 모르겠지만 어쨌든 중요한 문제점이 있었던지, 두 사람은 두 번째로 구언가(?)를 다시 시도하게 된다. 이번에는 남신이 먼저 입을 연다.

"아아! 기쁘오. 정말로 사랑스런 여인을 간난 것 같소! 당신 몸은 어떻게 되어 있습니까?"
"내 몸은 조금 모자란 데가 한 군데 있습니다. 그곳은 여성의 근원이 되는 곳입니다. 그런데 당신 몸은 어찌 생겼나요?"
"내 몸에도 당신과 마찬가지로 남성의 근본이 되는 곳이 있습니다. 그런데 그곳은 당신과는 반대로 조금 남아돕니다."
"어머! 그건 재미있군요."
"어떻습니까! 당신의 모자란 곳과 나의 남아도는 곳을 하나로 합치지 않겠습니까?"
"좋아요! 저도 바라는 바입니다."

지금까지도 사랑의 전주곡인 듯싶다. 이 신화의 후반부인 진짜 사랑에 대해서는 더 이상 아무런 언급이 없다. 이 신화가 외설물이 아닌 다음에야 굳이 구체적으로 서술할 필요는 없을 것이다. 어쨌든 확실한 것은 두 신은 건강하고 격렬한 사랑을 했는지, 무려 아홉 명의 자식을 출산했다는 점이다. 그러나 불행하게도 첫째 아들은 신체적으로 건강하지 못한 불구아였다. 3년이 지나도 일어서지 못하자, 매정하게도 이 자식을 바다에 버리고 만다. 아마도 일본사에 등장하는 최초의 아동유기일 것이다. 나머지 여덟 명의 자식은 건강하게 태어난다. 이 자식들의 이름은 다음과 같다. 아와지(淡路), 시코쿠(四國), 오키(隱岐), 규슈(九州), 이키(壹岐), 쓰시마(對馬島), 사도(佐渡), 혼슈(本州). 어디선가 많이 들어본 이름일 것이다. 그렇다. 이른바 일본열도를 구성하고 있는 대표적인 섬의 이름들이다.

이렇듯 남신과 여신의 '태초의 섹스'에 의해서 일본열도가 탄생한다. 일본이란 나라의 국토를 만들었으니, 이들 신은 그야말로 일본사에서 결정적인 역할을 담당한 셈이다. 나아가 이들 신은 일본의 최고 여신인 천조대신을 낳고 천조대신의 후손의 몸을 통해서 초대 진무 천황이 탄생하였으니, 신화의 계보상으로 보더라도 이 남신과 여신은 황실의 조상신으로서 이래저래 중요할 수밖에 없다.

일본의 신화에 등장하는 이 '태초의 섹스', 과연 세계사적으로는 어떨까?

말씀으로 천지를 창조한 이스라엘의 신. 알다시피 빛과 어둠을 포함한 만물을 오로지 홀로 창조할 뿐, 음양도 남녀 신도 등장하지 않는다. 당연히 섹스는 있을 턱이 없다.

이슬람의 신도 마찬가지다. 이슬람의 신은 유일하고 절대 초월적인 존재이니, 그 외에 창조의 권리를 가진 존재는 없다. 따라서 하늘에 있는 것이나 땅 위에 있는 것이나 일체의 모든 것을 오로지 홀로 창조할 뿐이다.

인도는 중국의 《소녀경》과 더불어 세계적인 성서(性書)로 꼽히는《카마수트라》를 갖고 있는 나라이다. 그래서 인도에서는 카마(쾌락 혹은 관능적인 즐거움)를 달마(미덕 혹은 종교적인 가치), 아르타(돈 혹은 부)와 함께 인생을 구성하는 중요한 요소로 받아들인다. 그런데 이처럼 관능적인 즐거움을 중시하는 인도의 신마저도 하늘과 땅, 모든 중생과 세상 만물을 역시 홀로 창조할 따름이다.

한국의 천도교에도 천지창조 언급이 있다. 그러나 누가 어떻게 천지를 창조했는지에 대해서는 아예 아는 바가 없다고 솔직하게 밝히고 있다. 간단히 얘기해서 '아득한 옛날, 천지는 개벽되었을 것이다'라고 할 뿐이다. 따라서 이곳에도 물론 '태초의 섹스'는 없다.

이렇게 보든 그 어느 민족도 섹스를 통한 창조신화를 갖고 있지 않은데, 오로지 일본 황실의 조상신만이 '태초의 섹스'를 통하여 대지를 창조한다. 그런 의미에서 일본의 신은 세상의 신 가운데서 가장 우별난 신이라고 할 수 있다. 아마도 이는 만물의 생성을 음양이나 남녀간 교합의 결과로 보는 시각이 그 속에 함축되어 있기 때문인 듯하다. 그런데 어찌된 셈인가? 일본인 가운데서 이 섹스란 말을 제일 처음 입에 올린 사람은 다름아닌 일본의 초대 천황인 진무였다. 진무 천황은 높은 동산에 올라가서 산 아래를 바라보며 이렇게 말했다고 한다.

"일본은 좁은 나라이긴 하지만, 잠자리가 교미하고 있는 것처럼 산들이 늘어서서 감싸고 있구나!"

재미있는 관찰이지 않은가! 그런데 많고 많은 비유 가운데서 왜 하필이면 '잠자리의 교미'였을까? 물론 자세한 까닭을 알 길은 없다. 다만 일본은 '잠자리의 나라'라는 별칭이 있는 데서도 알 수 있듯이, 일본과 잠자리의 관계는 밀접하다. 추측하건대 오랜 옛날부터 '쌀의 나라'라는 이름으로도 불려온 일본에서 추수를 앞둔 가을 들판에 잠자리떼가 몰려들었을 것이고, 그 가운데 교미하는 잠자리가 한둘이 아니었을 것이다. 가을 들판의 '잠자리 교미'는 '쌀의 생산'을 의미하는 상징이었는지도 모를 일이다. 그러니 일본의 모양을 '잠자리의 교미'에 빗댄 것은 얄궂은 일이지만, '쌀의 나라' 일본을 다스리게 될 천황으로서는 상서로운 길조였는지도 모르겠다.

그러고 보니 아주 오래 전에 어느 유럽인이 일본인의 성(性)문제에 대해서 남긴 이야기가 생각난다. 일본인의 단점 가운데서 가장 안 좋은 것은 '성적 욕망'이라고. '태초의 섹스'와 일본인의 '성적 욕망!' 이래저래 뭔가 묘한 울림이 들리는 듯하다.

신들의 배반

　일제시대 일본인들은 조선에 대한 이런저런 비난조의 글을 많이 발표했다. 조선은 전체적으로 정체되고 낙후되어 있다느니, 조선 민족은 역사적으로 중국에 종속되어 있어서 자율적인 역사를 갖고 있지 못하다는 식이다. 조선에 대한 일본 통치의 당위성을 반증하기 위한 논리로, 한마디로 말해 조선은 식민지가 되어 마땅하다는 이데올로기다. 비난은 이에 머무르지 않고 조선 사람을 향해서도 퍼부어졌다. 조선 사람들은 무리를 지어 패거리를 만드는 당파심이 강하고, 앞에서는 복종하고 뒤에서는 불복하는 이중성을 갖고 있다느니 하는 따위이다.
　그러나 조선시대의 당쟁이나 조선 사람의 신뢰성을 가지고 가타부타 비난하면서 조선 사람의 됨됨이를 논한다면, 이래저래 문제의 소지가 많다. 이는 비슷한 시기 조선과 일본에서 어떤 일들이 벌어졌는지를 살펴보면 명백해진다. 조선에서 당쟁이 심각하던 무렵, 일본에서는 1백여 년 간에 걸쳐 자기들끼리 피로 피를 셋는 불명예스런 전국시대가 펼쳐졌기 때문이다. 조선의 당쟁은 일부 양반사회의 문제로 '찻잔 속의 폭풍'이었지만, 동족상잔의 피비린내 나는 일본의 전국시대는 말 그대로 '전국을 뒤엎는 폭풍'이었다. 또한 조선 사람은 겉과 속이 다른 이중적 성격을 갖고 있다고 비난하고 있지만, 일본의 전국시대는 그야말로 이중성의 각축장이었다. 그렇다면 자기 눈 속의 들보는 보지 못하고, 이웃 나라의 눈 속에 있는 티를 나무라는 짝이 아니겠는가? 일본의 눈 속에 박힌 들보는 과연 어떤 것이었을까?

16세기 일본은 무정부 상태의 전국시대였다. 무로마치(室町) 막부라는 권력의 중심체가 있긴 했지만, 실제로는 있으나마나 한 허약한 권력이었다. 각 지방의 영주들은 일본의 패권을 장악하기 위해 제각기 힘을 겨루면서 혼란의 한복판을 돌파하고 있었다. 이 시대에 가장 눈에 띄는 것은 온갖 모반과 배반이 난무하는 혼란이었다. 어떤 장수는 자기가 지휘하는 부대를 통째로 이끌고 적장에게 집단 투항하기도 하고, 한 자루의 칼을 들고 자기 대장을 죽이는 경우도 다반사였다. '하극상'이란 말은 바로 이 시대의 거칠고 막돼먹은 풍토를 가리키는 말이다.

이 시대를 상징하는 가장 대표적인 일본인이 우리에게도 잘 알려져 있는 오다 노부나가(織田信長), 도요토미 히데요시(豊臣秀吉), 도쿠가와 이에야스(德川家康)이다. 전국시대 종언의 토대를 간 오다 노부나가, 전국을 통일한 도요토미 히데요시, 260여 년에 걸친 태평성대를 구축한 도쿠가와 이에야스. 이들은 개성도 제각각이었다. "두견새를 울게 하라. 울지 않으면 죽여라!"의 카리스마적인 오다 노부나가, "두견새를 울게 하라. 울지 않으면 울

위쪽이 오다 노부가나, 아래 왼쪽부터 도요토미 히데요시와 도쿠가와 이에야스. 우리에게도 잘 알려진 이들이 정권을 잡는 과정은 말 그대로 온통 모반과 배반으로 얼룩져 있다.

게 만들라!"는 계략의 도요토미 히데요시, "두견새를 울게 하라. 울지 않으면 울 때까지 기다려라!"는 처세술의 도쿠가와 이에야스. 각각의 통치술을 상징하는 유명한 말이다. 그러나 오다 노부나가의 죽음과 도요토미 가문의 멸망, 그리고 도쿠가와의 전국 장악은 모두가 모반과 배반의 결과였다.

1582년 강력한 카리스마와 새로운 총포 전술을 이용하여 혼란스런 전국시대의 평정을 눈앞에 두었던 오다 노부나가는 다른 사람도 아닌 측근 중의 한 사람이었던 자기 부하(明智光秀)에게 불의의 기습을 받고 죽는다. 배반의 결말치고는 너무 허무한 종말이었다. 로마의 시저를 죽인 자가 다름아닌 시저가 가장 총애하던 브루투스였던 것처럼!

일개 장수로서 노부나가의 뒤를 이어 전국을 평정한 도요토미 히데요시는 주군인 노부나가가 죽은 후 얼마 지나지 않아서 그의 자식들과 패권을 둘러싼 치열한 쟁투를 벌인다. 히데요시는 주군인 노부나가의 뒤를 계승한 노부나가의 2세들과 피를 흘리는 쟁투를 전개했지만, 일시적으로나마 노부나가의 자식에게 예전과 같이 가신의 예를 다하겠다고 맹세하면서 화해하기도 한다. 그러나 이처럼 여전히 일개 가신에 지나지 않았던 히데요시는 결국 자신의 주인을 향해 모반의 칼을 들이민다.

그는 일개 평민 집안 출신으로 대권을 차지하는 입신출세의 신화를 이뤘다. 오다 노부나가나 도쿠가와 이에야스는 원래 이름 있는 집안 출신이었지만, 히데요시는 이들과는 정반대로 비천한 가문 출신이었다. 지금도 수많은 일본인들이 도요토미 히데요시를 가장 매력 있는 일본인의 한 사람으로 꼽는 이유도 이러한 전설적인 성공담 때문이다. 그러나 히데요시가 쌓아올린 집안의 영예는 그리 오래 가지 못했다.

조선 침략의 와중에서 죽어가던 히데요시는, 주군인 노부나가의 자식들에게 칼을 들이민 경험 탓인지, 임종시에 그 자리에 임석했던 도쿠가와 이에야스에게 여섯 살 난 어린 자식의 뒤를 보좌해달라고 거듭 신신당부하며 죽어간다. 히데요시의 유언을 받은 도쿠가와는 히데요시가 전국을 평정하기 전에 이런저런 정세를 판단하고, 스스로 히데요시의 부하 장수가 되기로 마음먹은 자였다. 스스르 히데요시를 주인으로 삼기로 한 셈이다. 그러나 히데요시 사후 그의 집안을 멸망시킨 자는 다름아닌 도쿠가와 이에야스였다. 스스로 부하 장수가 되겠다고 나섰던 그마저도 주군의 가슴을 향해 배반의 칼을 들이민 것이다.

16세기 일본의 전국시대를 목격한 서양인도 "일본인들의 나쁜 점은 주군에 대한 충성심이 모자란 것이다. 주군의 적과 결탁해서 기회를 틈타 배반하고, 스스로 주군이 된다. 그러나 또다시 반전해서 같은 편이 되었는가 싶으면, 새로운 상황에 응해서 다시 모반을 꾀하는 꼴이 반복된다"고 기록하고 있다. 외국인의 눈에도 이 당시 일본인들은 모반과 배반의 민족으로 비쳐진 것이다.

오죽했으면 임진왜란 때는 조선에 투항한 일본 무사가 조선의 군대를 이끌고 일본군을 공격하는 일까지 벌어졌겠는가! 그 장수는 이른바 '조국'을 배반한 셈이다. 그런데도 일본측 기록에서는 이를 조금도 이상하게 여기지 않고 있다고 한다. 이처럼 위로는 신분이 높은 주군에서부터 밑으로는 신분이 낮은 부하 장수에 이르기까지, 이 시대의 일본은 온통 배반의 역사로 얼룩져 있는 셈이다. 조선의 눈에 '당파심'이나 '이중적 성격'이라는 티가 끼어 있다면, 일본의 눈에는 '동족상잔'과 '배반'이라는 들보가 박혀 있는 게 아닐까?

그런데 이러한 배반의 역사에서 흥미로운 사실은 천황의 조상신들 사이에서도 일찍부터 배반의 역사가 시작되었다는 점이다. 무대는 천황가의 최고 신이라는 천조대신을 둘러싸고 전개된다.

앞에서도 보았듯이 천조대신은 손자인 니니기에게 일본 땅을 주고 싶어했다. 그러나 그 일본 땅은 사실 소란스런 땅이었다. 우스운 얘기지만 그렇게 '위대' 하다는 일본의 신이 하고많은 땅 중에서 하필 소란스러운 곳을 골랐다니, 천황 조상신의 '신통력' 도 그리 대단하지만은 않은 듯하다. 그런데 그 땅은 무엇 때문에 소란스러웠을까?

천조대신이 자기 손자에게 주겠다던 그 땅은 사실 주인 없는 처녀지도 아니었고, 미개척지도 아니었다. 천황의 조상신이 그 땅을 '소란' 스럽다고 한 이유는 이미 그 땅 위에 누군가가 살고 있었기 때문이었던 것이다. 곧 천황의 조상신은 주인 있는 남의 땅을 제멋대로 자기 손자에게 주겠다고 약속한 것이니, 한마디로 남의 땅을 약탈하겠다고 선언한 것이나 진배없다. 천황의 조상신은 어떻게 해서든 이 땅을 조용히 '평정' 한 뒤에 자기 손자에게 물려주기로 마음먹는다. 곧바로 신들의 회의가 소집되고, 거기서 '소란스런 땅' 으로 파견할 적임자를 선정하였다. 거의 만장일치로 한 명의 신이 선발되는데, 그에 대한 평가는 하나같이 '대단히 뛰어난 신' 이라는 것이었다.

우리는 여기서 주인 있는 남의 땅을 자기 자손이 지배해야 할 땅이라고 일방적으로 선언하고, 동시에 '소란스런 땅' 을 '평정' 한다는 명분하에 군대 파견을 결정함으로써 돌연 침략전쟁을 개시하는 천황의 조상신들을 목격하게 된다. 일본인이 스스로 남긴 기록 속에서 발견되는 최초의 침략전쟁은 이렇게 해서 시작된다. 그러나 거기에는 뜻하지 않은 우여곡절이 기다리고 있었다.

소란스러운 땅을 '평정' 하라는 특명을 받고 적지로 투입된 '대단히 뛰어난 신'은 그만 소란스런 땅의 지배자에게 빌붙어서 한통속이 되고 만다. 그리고 그는 신들이 애타게 기다리고 있는 줄도 모르고 3년이 지나도록 돌아가지 않는다. 최초의 배반은 이렇게 해서 이루어진다. 그것도 천황가 조상신의 특명과 임무를 배반한 것이다.

두 번째로 특명을 받고 파견된 자는 배반자의 아들이었다. 많고 많은 사람 중에 어찌해서 배반자의 자식을 파견했는지 그 까닭은 기록되어 있지 않다. 어쨌든 천황가의 조상신들은 초장부터 인재부족에 허덕였던 듯싶다. 아니나다를까 그도 아버지에게 빌붙어서 한통속이 되어 아무런 보고도 올리지 않는다. 두 번째 배반이었다.

당황한 신들은 또다시 모여 누구를 파견할지 의논했다. 그리하여 모든 신들이 만장일치로 한 사람을 추천하기에 이른다. 그것도 '아주 훌륭한 젊은이'라는 평가를 덧붙이면서. 그러나 특별히 활과 화살까지 하사받고 파견된 이 젊은 신마저도 특명을 배반하고 만다. 이 '훌륭한 젊은 신'은 혈기가 문제였던 듯싶다. 작전지역에 도착한 젊은 신은 적장의 딸에게 홀렸는지, 이 여인을 아내로 맞아들이고 그곳에 머무르고 만다. 미인계에 넘어간 것으로 봐도 무방할 듯싶다. 게다가 이 젊은 신은 정치적인 야망도 만만치 않아서, 오히려 자기가 '소란스런 땅'을 통치하겠다고 포부를 밝히고 나섰다. 이럴 정도니 특명을 수행하고 돌아갈 리가 만무하다. 세 번째 배반이었다.

이런 우여곡절을 거친 끝에 네 번째로 파견된 신에 의해 소란스런 일본 땅은 겨우 '평정'된다. 세 차례에 걸친 신들의 배반,

아마테라스오오미카미의 자손이 소란스런 일본 땅을 통치하기 위해서 지상으로 내려왔다고 한다. 그러나 파견된 신들은 거듭 천황의 조상신을 배신했고, 우여곡절 끝에 일본 땅은 네 번째 파견된 신에 의해 겨우 평정된다.

일본사에 등장하는 배반의 역사는 다름아닌 천황의 조상신 집안에서 발생했던 것이다.

그런데 기이하게 느껴지는 것은 이처럼 거듭되는 신하들의 배반과 불충에도 천황의 조상신은 그렇게까지 분노하지 않는다는 사실이다. 자기 후손이 통치할 땅을 마련하기 위한 중대한 '역사적 과업'이었으니, 이보다 중요한 일은 없었을 것이 아닌가? 그런데도 천황의 조상신은 마치 이러한 사태를 각오라도 한 듯이, 배반했다는 사실을 알게 되자 엄중한 문책이나 열화와 같은 분노도 없이 곧바로 차기 적임자 물색에 몰입한다. 신화시대의 기록이라곤 하지만 기이한 느낌을 저버릴 수 없고, 마치 온통 배반으로 얼룩졌던 전국시대의 예고편을 보는 듯하다.

어쩌면 훗날 역대 천황들이 신하들에 의해 죽임을 당하고 추방과 능멸을 당하는 사태들이 이처럼 일찍 그 싹을 드러낸 셈인지도 모른다. 게다가 자기가 '소란스런 땅'을 직접 통치하겠다고 포부를 밝히고 나선 세 번째의 정치적인 젊은 신처럼, 천황의 신하였건 무사계급들은 실제로 수백 년에 걸쳐 '소란스런 일본'을 통치하기도 했다. 천황의 조상신 집안에서 발생했던 '불미스런' 배반의 기록이 '불행하게도' 역사적 현실로 나타나고 만 것이다.

춤추는 칼

　불의 나라 한국, 물의 나라 일본! 뜨거운 감성을 표출하는 한국은 불의 나라이고, 차분한 감성을 품고 있는 일본은 물의 나라이다.
　백의의 민족 조선, 흑의의 민족 일본! 하얀색을 유달리 좋아했던 우리는 백의의 민족이고, 검은색을 고귀한 색깔로 생각했던 일본인은 흑의의 민족이다.
　이외에도 많은 대칭관계가 있지만 모두를 나열할 필요는 없을 것이다. 하다못해 최근에는 '삼겹살의 나라 한국, 사시미의 나라 일본'이라는 표현도 가능할 듯싶다. 그러나 그 중에서 특히 주목하고 싶은 대칭관계는 '활의 나라 조선, 칼의 나라 일본'이다. 조선은 명궁으로 유명했고, 일본은 명검으로 유명했기 때문에 생긴 말이다. 사실 이 유명세란 것도 스스로 그렇게 불렀다기보다는 일본이 조선을 그렇게 불렀고, 조선은 일본을 그렇게 받아들였던 것 같다.

조선을 '활의 나라'라고 칭했던 사람은 임진왜란 때 전투에 참가했던 일본인 병사였다. 조선의 화살 맛을 직접 경험했던 그는 조선통신사 일행과 함께 한 자리에서, 조선 사람의 해전이나 궁술이 대단히 뛰어나서 도저히 당할 수 없었다고 토로하였다. 한때의 적국이었던 일본 병사가 조선을 '궁술이 대단히 뛰어난' 나라라고 칭송하고 있으니, 가히 조선은 '활의 나라'라고 칭해도 무방할 만하다. 그러면 일본은 왜 '칼의 나라'인가?

일본에는 '천황가의 삼보'라는 것이 있다. 천황가에 내려오는 세 개의 보물을 말하는데, 이 보물을 가지고 있지 않으면 천황으로서의 정통성을 인정받지 못할 만큼 중요한 물건이다. 이 보물 가운데 하나가 바로 칼이다. 다른 두 개의 보물은 구슬과 거울로, 온화하고 부드러운 느낌마저 주는데, 나머지 하나가 하필이면 칼이다. 이로써 일본이 '칼의 나라'라고 불릴 만한 조건은 일찍부터 갖추어진 셈인지도 모른다. 현실적으로도 '칼의 나라' 일본의 유명세는 대단했다.

일본 칼은 어느 나라에서나 볼 수 있는 보통 칼이 아니었다. 1800년대 중반에 쓰여진 어느 외국인의 기록에 따르면, 일본 칼은 '세계 최고'의 칼이었다. 물론 이 무렵 서양에서는 총포를 만드느라 정신이 없었으니, 양쪽의 칼을 비교하기는 힘들다. 그래도 동양의 작은 나라인 일본 칼을 '세계 최고'라고 평가할 정도였다면, 일본은 가히 '칼의 나라'로 불리기에 모자람이 없다. 조선통신사들이 일본에서 사온 물건이 다름아닌 일본 칼이었던 사실도 이를 뒷받침하는 듯하다.

'세계 최고'라는 일본 칼! 칼이 주무기였던 도쿠가와 봉건시대, 일본인들은 이 칼을 결코 장식물로 만들지 않았다. 너무나 많은 사람들이 이 '세계 최고'의 칼 앞에서 피를 흘리며 죽어야 했다. 전쟁터에서만 그런 것이라면 애써 넘어갈 수 있을지도 모른다. 문제는 일본인들이 이 칼을 시도 때도 없이 빼 들었다는 점이다. 물론 일본인들은 약속을 지키기 위해서는 값진 보배도 아끼지 않는 신의와 미덕을 갖고 있다. 그러나 생명에 관해서는 참으로 이상한 민족이었다. 한마디로 생명을 가볍게 여기는 걸 의기로 여겼고, 용감히 죽는 것을 영광으로 알았다.

그러다 보니 사람 죽이는 것을 풀 베듯 하였고, 사소한 일로 가신을 살해하고 친척끼리 칼을 빼 들기도 하였으며, 마치 돼지 죽이듯 사람의 목을 자르고 동체를 두 동강 냈다. 심지어 자신의 칼이 얼마나 예리한지를 시험하기 위해서 길에서 만난 사람을 두 동강 내는 자도 많았다.

죽은 사람은 죽은 사람대로 자기 시신 위에 떨어지는 또 다른 칼 세례까지 받아야 했다. 일본인들은 사람이 죽으면 앞다투어 몰려들어 자신의 칼이 얼마나 예리한지를 시험해보기 위해서 시체를 난도질했다고 한다. 죽은 자는 말이 없다고 하지만 얼마나 참담한 광경이었겠는가.

이처럼 일본이 '칼의 나라'다 보니, 칼을 휘두르는 검법과 관련된 책도 등장하였다. 아마도 가장 유명한 것은 미야모토 무사시(宮本武藏)가 남긴 《오륜서(五輪書)》라는 책일 것이다. 그의 젊은 시절 삶을 보면 그럴 만도 하다는 생각이 든다. 13세 어린 시절부터 칼을 들고 승부를 겨루기 시작한 미야모토 무사시, 그는 21세 때 일본의 중심지로 올라가서 칼로 유명하다는 자들과 여러 차례

일본 역사상 최고의 전설적 검객인 미야모토 무사시의 초상화. 무사시의 초상화는 여러 종류가 있지만, 그 중에서 비교적 실제에 가까운 초상화이다.

승부를 겨뤄 그때마다 상대방을 전부 굴복시킨다. 미야모토는 그 후에도 계속해서 전국 방방곡곡을 돌며 내노라 하는 각 지방의 무인들과 승부를 겨루었으나, 단 한 번도 패하지 않았다. 한마디로 미야모토 무사시는 한 자루의 칼을 들고 일본 전국을 제패한 자였다. 그때 나이가 29세였으니, 50세 전후에는 검법에 관한 한 더 이상 연구할 것이 없다고 할 정도였다. 일본에서 미야모토 무사시를 최고의 전설적 검객이라고 일컫는 것도 바로 이 때문이다. 이런 미야모토가 남긴 책을 통해서 우리는 일본 칼에 대해 많은 것을 알 수 있다.

미야모토가 당시의 무기 가운데서 가장 중시한 것은 칼이었다. 특히 그가 강조한 칼은 두 개의 칼, 즉 장검과 단검이었다. 그림이나 영화, 혹은 사진을 통해서 사무라이들이 허리에 긴 칼과 짧은 칼을 함께 차고 있는 것을 볼 수 있는데, 이것이 바로 그것이다. 그러면 미야모토는 무엇 때문에 다른 무기도 아닌 칼을 중시했고, 또한 무엇 때문에 장검과 단검 두 개의 칼을 강조했을까?

미야모토는 창이나 화살, 그리고 두껍고 긴 칼은 각각의 장점이 있긴 하나, 항상 양손을 이용해야 하기 때문에 좋지 않다고 하였다. 두 손이 자유롭지 못하기 때문에 말 위에서나 땅 위를 뛰어다닐 때는 물론이고, 늪이나 진흙밭, 자갈밭, 고갯길, 혹은 사람이 뒤엉켜 있는 싸움터에서 모두 불리하다는 것이다. 특히 어떤 무기는 두 손을 써야 하는데다가 무겁기 때문에 민첩성을 빼앗는다고 보았다. 이에 반해 장검은 가볍고 길기 때문에 넓은 공간에서도 쉽게 휘두를 수 있고, 단검은 비좁은 공간에서도 사용할 수 있다는 것이다. 따라서 미야모토는 두 개의 칼을 제대로 이용하면 긴 무기를 이용해도 이길 수 있고, 짧은 무기를 사용해도 능히 상대방을 제압할 수 있다고 주장하였다.

이처럼 양 검의 강점을 나열하면서 미야모토는 칼을 잡는 법부터 돈 자세, 발을 내딛는 법, 눈의 위치, 마음 자세, 칼을 치고 받는 법에 이르기까지 상세하게 설명하고 있다. 이 대목에 이르면, 마치 무술영화의 한 장면을 보고 있는 듯한 느낌을 받게 된다. 이는 일 대 일 싸움에서든 아니면 집단 싸움에서든 오로지 상대방을 단칼에 쓰러뜨려서 자신과 주군을 위하고 이름을 떨치기 위해서였다.

미야모토 무사시가 이 글을 남긴 것은 1645년의 일이다. 이로부터 불과 수십 년 전인 전국시대만 해도 일본의 전통적인 병기는 활과 창이 중심이었고, 후에 오다 노부나가에 의해서 총포가 집중적으로 개발되고 활용됐을 뿐이다. 이를 볼 때 적어도 전국시대까지만 해도 일본은 '칼의 나라'는 아니었던 듯하다. 그러나 미야모토 무사시가 살았던 도쿠가와 시대 일본은 오로지 '칼의 나라'였다. 오죽했으면 일본인들은 1878년 총포로 무장한 근대적인 서구열강을 방문하면서도 거수경례만은 서양 방식대로 하되, 나머지는 일본 무사의 예법대로 행하기 위해서 일본 칼을 가져갔겠는가! 칼 없이는 일본 무사의 예법이 불가능했던 탓이다. 칼은 그들에게 있어 분신과 같은 것이었다.

우리는 앞서 일본 전국시대의 그 숱한 배반의 역사가 천황의 조상신 집안에서 처음으로 발생했음을 보았다. 그런데 공교롭게도 '칼의 나라' 일본에서 칼을 처음 휘두른 사람 역시 다름아닌 일본의 신이었다. 이야기의 주인공은 앞에서 살펴봤던 신 중에서 천황 조상신의 특명을 세 번째로 배반했던 신이다.

　자기보다 앞서 '소란스런' 땅을 '평정'하러 내려갔던 두 신과 달리, 이 신은 특별히 활과 화살을 하사받았는데, 얄궂게도 그만 그 화살에 맞아서 죽고 말았다. 그의 아내는 여드레 밤낮을 울었다. 그때 생전에 친하게 지냈던 친구 신이 그의 죽음을 애도하기 위해서 상갓집을 찾아갔는데, 친구 사이였던 이 둘은 얼굴이 무척이나 닮았었다. 애도의 마음으로 상갓집에 들른 친구 신, 그러나 친구의 부인은 상객인 남편의 친구를 그만 남편으로 착각하고 만다. 너무나 닮은 외모 때문이었다. 슬픔에 잠겨 8일 밤낮을 울던 이 부인은 꿈처럼 자기 눈앞에 나타난 그를 보고 깜짝 놀란다. 그러더니 "내 남편은 아직 죽지 않았어!"라고 소리치며 남편 친구의 소매를 붙들고 기쁨에 겨워 울어버린다.

　그것이 아무리 어이없는 오해였을 망정, 과부 신세를 눈앞에 둔 부인의 입장에서야 얼마나 반가웠을 것인가. 그러나 예상치 못한 오해를 받은 이 친구는 의외의 반응을 보였다. 이 친구 신은 "친구의 도리로서 당연히 조문을 해야 하기 때문에 몸이 더러워지는 것도 마다하지 않고 먼 길을 찾아왔거늘, 어찌 죽은 사람과 나를 구분치 못하는가!"라며 화를 벌컥 냈다. 그리고 다음 순간 허리에 꽂혀 있던 커다란 칼로 시체를 모셔둔 상갓집의 초막을 순식간에 베어버리고 만다. 상갓집이 아수라장이 된 것은 물론이다. 단순한 오해의 대가치고는 얼마나 황당하고 질겁할 장면인가?

　일본 칼은 이처럼 신화 속에서부터 그 매정함과 혹독함을 일찍부터 드러낸다. 그러고 보면 사무라이들은 물론이고 일본의 신조차 너무 쉽게 칼을 빼어 든 셈이 아닌가? 원래 천황가에 내려오는 세 개의 보물은 지(智)·인(仁)·용(勇)을 상징하는 것으로 구슬은 지를, 거울은 인을, 칼은 용을 가리킨다. 강자에게 굴복하지 않으며 약자를 능멸하지 않는 용의 미덕은 쉽게 칼을 빼어 드는 것과 아무런 인연이 없다. 그런데도 일본의 칼은 정도를 벗어나 살벌함의 대명사로 변질되어 갔다. 칼을 쉽게 빼어 든다면 총포를 들이미는 것도 그다지 어렵게 여기지 않을 것이 아닌가?

뒷장에서도 소개하고 있듯이 봉건시대의 유학자들이 문무를 겸비한 천황을 가장 이상적인 군주로 여기면서 천황의 칼을 강조한 것도 이러한 의로운 용을 갖추기 위해서였다. 그러나 일본의 역사가 증명하듯이 칼로 무장한 초대 진무 천황은 일본열도를 평정했지만, 히토히토는 일본열도를 잿더미로 만들기도 했다. 춤추기 쉬운 칼은 대초부터 위험한 물건이기 때문이다.

이스라엘의 신은 "검으로 일어선 자는 검으로 망한다!" 그 경고했다. 그래서인지 이스라엘 사람들은 죄인을 다스릴 때 칼이 아니라 '돌멩이'를 던졌다. 또한 일본의 신들이 일찍부터 '칼'을 보물로 주었던 것에 반해 이스라엘 신은 일찍부터 '율법'을 가장 소중한 보물로 삼도록 했다. '칼의 나라' 눈으로 본다면 이건 어줍잖은 장난이었는지 모를 일이다.

상처뿐인 여신

천조대신의 손자로 일본을 통치하기 위해 땅 위에 내려와 한 곳에 머물게 된 니니기는 당연히 해야 할 일이 많았을 것이다. 그러나 일본 신화가 전하는 이야기는 전혀 엉뚱하다. 니니기라는 이 신은 하라는 일은 하지 않고 한눈을 팔아, 오자마자 어떤 여인에게 관심을 갖고 만다. 아주 아름다운 여인이었는데, 이 여인 역시 신의 몸에서 태어난 하늘의 여신이었다.

어쨌든 니니기는 첫눈에 반한 이 여인을 품에 안게 되었다. 그런데 사랑의 속도가 맹렬했던 탓인지 이 여인은 단 하룻밤 사이에 임신하고 말았다. 어처구니없는 사태가 벌어진 것이다. 그래서 니니기는 그 여인에게 '어이없는' 질문을 하였다.

"아니, 그래도 그렇지. 아무리 하늘의 신이라고 해도 어떻게 하룻밤 사이에 애를 밸 수가 있는 거요?"

니니기는 자기도 신이면서 여신의 놀라운 잉태력이 도무지 믿어지지 않았던 모양이다. 그래서 니니기는 계속해서 여신을 추궁

했다.

"당신이 밴 애는 내 아이가 아닐 것이오!"

정조를 의심하는 말이었다. 순결을 의심하는 니니기의 태도에 이 여신은 발끈했다. 여신의 입장에서야 당연한 반응이었다. 정말 순결했다면 니니기의 의처증 발언을 용서하기 힘들었을 것이요, 만일 순결하지 않았더라도 자신의 순결을 강변할 수박에 없었을 것이다. 그래서였는지 발끈한 이 여신은 니니기의 의심에 이를 갈며 원한을 품고는, 사방이 막힌 방 안으로 들어가서 방에 불을 질러버린다. 자살을 하기 위해서가 아니라, 자신의 결백을 증명해 보이기 위해서였다. 그래서 이 여신은 이런 말을 한마디 남긴다.

"너가 낳은 자식이 만약 당신의 자식이 아니라면, 나는 불에 타서 죽을 것입니다. 그러나 만약 내 몸에서 나온 아이가 당신의 자식이라면, 이 타오르는 불도 나를 상처 입히지 못할 것입니다."

아주 오랜 옛날에는 우리들의 상식으로는 이해할 수 없는 해괴한 풍습들이 있었다. 이것도 그런 풍습의 한 종류였던 모양이긴 하지만, 여신이 취한 방법치고는 너무 과격한 것 같다. 앞에서는 오해를 받은 남자 신이 쉽게 칼을 빼 들고 상갓집 초막에 칼질을 해대더니, 이번에는 의심을 받은 여신이 과격하게 방화를 하니 신들의 성질치고는 아주 고약한 셈이다.

그러나 이 여신은 다행히도 아이를 쏙쏙 낳는다. 타오르는 연기 속에서 첫 아이를 낳고 계속해서 두 번째, 세 번째 아이를 출산한다. 아마 타 죽지는 않았던 모양이다. 자신의 결백을 입증하기 위해서 불 속에 몸을 던져야 했던 이 불행한 여신은 다름아닌 일본 초대 진무 천황의 직계 할머니였다. 지금도 일본의 어느 지방에서는 이 신화에 빗대어서, 타다 남은 재를 산모의 머리맡에 두면 안전하게 출산할 수 있다는 이야기가 전해지고 있으니, 이 머나먼 옛날 설화의 생명력은 대단한 셈이다. 어쨌든 이 설화에 따르면 결국 일본 천황가는 의처증 할아버지와 자신의 몸에 불을 지르는 '과격한' 할머니를 조상으로 두고 있는 것이 된다. 세계사에서 유일하게 섹스로 대지를 창조한 역사는 배반으로 얼룩지고, 이어서 손쉽게 칼을 빼 들고 매정함과 혹독함을 보여주더니, 그만 분신 사건으로 또 상처받게 된다. 누가 보아도 순탄치만은 않은 출발이다.

이 신화를 보다 보면 칭기즈칸과 그의 아내 보르테가 겪어야 했던 너무나 극적인 사랑 이야기가 떠오른다. 젊은 시절의 칭기즈칸, 즉 테무친은 충분한 힘을 갖지 못하던 시절에 사랑하는 아내 보르테를 상대 부족에게 약탈당한다. 약탈당한 아내가 어떤 운명을 강요받아야 했는지는 젊은 테무친도 익히 알고 있는 터였다. 사랑하는 여인의 정조가 짓밟힌 것이다.

테무친은 동맹을 맺기 위해서 가까운 부족장을 찾아간다. 이 부족장은 죽은 아버지의 친구였다. 그러나 아이러니컬하게도 세계적인 대제국을 건설한 테무친이 맺은 첫 번째 동맹은 결코 군사적인 목적을 위한 것이 아니었다. 테무친은 오로지 아내 보르테를 구하기 위해서 동맹을 필요로 했던 것이다. 아버지의 친구인 이 부족장도 아내를 구하기 위해서 원조를 청하는 테무친의 간청을 흔쾌히 받아들인다.

원군을 얻은 테무친은 아내를 구출하기 위해서 야음을 틈타 적진 속으로 파고든다. 얼굴을 알아볼 수 없는 형편이었으므로 테무친은 말 위에서 사랑하는 아내의 이름을 끊임없이 외쳐 불렀다. 그 어둡고 위험한 싸움터에서도 보르테는 자신을 애타게 찾아 부르는 테무친에게 다가가서 그의 손을 붙잡았고, 테무친 또한 높은 말 위에 있으면서도 어둠을 뚫고 내리비치는 달빛 사이로 자신의 손을 잡은 사람이 보르테임을 알아챈다. 그 순간 테무친은 말 위에서 뛰어내려 보르테와 격렬하게 포옹한다. 위험천만한 싸움터 한복판에서 말이다. 아내를 구출했으니, 이제 남은 것은 복수를 위한 추격과 처절한 살육전뿐이었다. 그것은 거의 관례적인 군사행동이었다. 그러나 그날 밤 테무친은 사랑하는 여인과의 밤을 위해서 모든 것을 포기한다.

소설 같은 이 러브스토리는 칭기즈칸의 젊은 시절 이야기이다. 그러나 이 러브스토리가 반드시 행복한 것만은 아니었다. 테무친의 아내는 이미 옛날의 그녀가 아니었기 때문이다. 원수의 씨를 잉태하고 만 것이다. 이 비극은 두고두고 그녀와 테무친을 괴롭힐 문제였다. 그러나 테무친은 남다른 데가 있었다. 괴롭기는 했으나, 테무친은 보르테의 모든 것을 사랑했다. 그런데 먼 훗날 테무친이 세계를 제패하고 그야말로 칭기즈칸이 되었을 때, 후계자 문제를 둘러싸고 자식들간에 싸움이 발생한다.

순수한 칭기즈칸의 피를 이어받은 둘째 아들 차가타이가 큰아들 주치의 혈통을 문제삼고 나선 것이다. 차가타이가 주치의 상속권에 이의를 제기하였다. 이때 칭기즈칸은 이렇게 대꾸한다.

"주치는 나의 큰아들이 아닌가! 그런 말을 하지 말아라!"

칭기즈칸은 마지막까지 아내 보르테에게 상처를 주고 싶지 않았다. 그래서 의심은커녕 단호하게 보르테의 첫 자식이 자신의 큰아들임을 변호해주었던 것이다. 자칫 불행할 뻔했던 이 러브스토리는 극적인 반전을 통해서 마지막까지 행복한 러브스토리로 막을 내리게 된다. 물론 칭기즈칸은 보르테의 순결 문제를 입 밖에 내지도 않았고, 보르테 역시 자신의 정조를 증명하기 위해서 불길 속에 몸을 던지지도 않았다.

마지막까지 아내를 위한 칭기즈칸의 러브스토리는 이토록 아름답다. 그러나 '쥐 같은 말' 위에 올라타서 '바늘 같은 화살'을 쏘아대던 그의 군대가 지나간 뒤에는 죽음과 먼지와 재밖에 남지 않았다. 아내는 상처 입지 않았으나, 대신 만인이 상처투성이 역사 속에 버려지고 만 것이다.

분신 사건을 일으킨 천황가의 조상! 그 후손인 천황의 군대도 중국대륙 곳곳에서 죽음과 먼지와 재만을 남겼다. '3광(三光)정책!' '전부 태우고(燒光)' '모두 죽이며(殺光)' '남김없이 약탈(搶光)' 하는 작전 때문이었다. 이 정책 하나만으로도 중국대륙은 죽음의 대륙으로 변하였다. 자기 아내를 상처 입힌 천황가의 할아버지는 또다시 자손의 군대를 통해서 숱하게 많은 사람들에게 상처를 입힌 것이다.

2장
천황가의 두 얼굴

시작부터 꼬인 역사

한때 장안을 떠들썩하게 했던 드라마 〈용의 눈물〉. 우리는 이 드라마를 보면서 조선왕조의 추한 싸움을 안타까워했다. 부자간인 이성계와 이방원의 갈등, 이어지는 형제들간의 '왕자의 난', 그리고 이방원과 왕세자 양녕의 갈등. 건국 초기부터 그랬으니 조선왕조의 첫 출발은 결코 순탄하지 않다. 아니나다를까 그 뒤를 이어 방영중인 드라마도 단종과 삼촌인 수양대군의 왕권을 둘러싼 '더러운 싸움' 이야기이다. 물론 권력을 둘러싼 이런 '추한 싸움'은 결코 우리의 전유물만은 아니다. 일본 역사도 예외가 아니었다. 그것도 초대 천황 때부터!

존재 여부 자체가 불명확한 초대 천황 진무는 일본의 건국신이라고 불린다. 일본의 기원이 몇천 년 됐느니 하는 것은 이 진무 천황이 나라를 세우고 왕으로 즉위한 해를 기점으로 한 것이고, 또한 나라를 세운 건국기념일도 진무 천황이 즉위한 날을 기념하기 위한 것이다. 우리가 단군을 기점으로 단기라 정하고, 이날을

일본의 건국신이자 자랑스런 초대 천황으로 존경받는 진무 천황의 상상화. 상상 속의 인물인 만큼 다양한 종류의 초상이 있다.

개천절이라 하여 기념하는 것과 비슷하다. 그만큼 일본에서 진무 천황의 갖는 의미는 대단히 크다. 일본의 군국주의가 그렇게 떠들썩하게 외쳐댄 구호 '만방무비 만세일계(萬邦無比 萬世一系)', 즉 몇천 년 동안 단 한 번도 단절된 적 없이 이어져 내려온 천황가의 역사는 세계 어디에도 없는 자랑스런 전통이라는 주장도 전부 진무 천황 이후의 역사를 가리키는 말이다. 진두 천황은 이처럼 '자랑스런' 존재이다. 그러나 일본의 역사는 이 '자랑스런' 초대 천황 때부터 꼬이기 시작한다.

세 명의 아들을 두었던 진무는 즉위한 지 42년째 되던 해에 당시 열아홉 살 난 셋째 아들을 후계자로 임명한다. 큰아들과 둘째 아들이 후계자 임명에서 탈락한 이유는 알려져 있지 않다. 그러나 진무가 세상을 떠나자 모든 장례식 절차를 큰아들이 주재하게 된다. 큰아들은 다른 두 동생의 배다른 형으로, 나이도 많았고 조정에서의 경험도 많았다. 그리하여 후계자에서 제외되기는 했지만 실무경험이 풍부한 큰아들이 장례 기간 동안 상주 신분으로 대소사에 걸친 모든 국사를 호령하는 자리에 서게 되었는데, 그러다가 그만 권력에 눈이 멀어 두 동생을 해치려는 흑심을 품고 말았다. 아버지 상을 틈타 권력을 찬탈하려고 한 것이다.

그런데 후계자로 임명된 셋째 아들이 이를 알아채고 둘째 형에게 긴급히 의논을 구하였다. 그는 자신의 손에 피를 묻히기를 꺼려했는지, 둘째 형에게 큰형을 사살해버리라고 권하였다. 그러나 진무의 둘째 아들은 마음이 여린 사람이었는지, 동생의 권유에 따르기로는 했으나 활을 잡은 손이 떨려서 도저히 활시위를 잡아당기지 못했다. 그러자 이를 보다 못한 동생이 대신 활을 잡더니

만 정확하게 큰형을 사살해버렸다.

큰아들의 '검은 마음', 둘째 아들의 '여린 마음', 그리고 셋째 아들의 '빠른 눈치와 단호한 행동', 아마도 진무 천황은 자식들의 이런 특성을 일찍부터 알아챘기 때문에 셋째 아들을 후계자로 삼았던 모양이다. 그러나 그 결과 초대 진무 천황의 장례식에는 큰아들의 피가 낭자하게 되었다. 일본 천황가의 역사는 이처럼 그 첫 장부터 핏빛으로 얼룩진 왕자의 난으로 시작된다. 손수 활을 쥐고 큰형을 향해 시위를 당긴 셋째 아들이 바로 일본의 2대 천황(綏靖)이다.

왕자의 난을 겪으며 즉위한 2대 천황에게는 마침 아들이 한 명밖에 없었으므로, 3대 천황(安寧)은 자연스럽게 이 독자에게 이어져 내려간다. 우연인지 필연인지는 모르겠으나 오죽했으면 이름도 '안녕'이라고 지었을까? 이리저리 만사가 무사했음을 기리는 이름이었으리라. 그리고 12대 천황(景行)까지는 탈없이 흘러간 것으로 되어 있다. 단 문제가 있었다면 12대 천황이 낳은 자식이 무려 80명이나 된다는 점이다. 이에 따른 응보였는지, 그의 뒤를 이은 넷째 아들 13대 천황(成務)은 자식이 단 한 명도 없었다. 80명에 이르는 다산의 아버지와 단 한 명의 자식도 없는 아들, 희극적인 한 장면일 수밖에 없다.

13대 천황은 단 한 명의 아들도 두지 못한 탓에 자기 자식에게 천황 자리를 물려주지 못하고 조카에게 물려주었다. 14대 천황(仲哀)이 되는 이 조카는 고대 한일관계사에서도 직간접적으로 중요한 의미를 갖는 인물이다. 그의 부인이 '한반도를 정복'했다고 전해져 내려오는 신공 황후(神功皇后)이기 때문이다. 지금껏

한반도를 정복했다고 전해져 내려오는 신공 황후의 상. 신공 황후는 천황의 자리를 놓고 벌어진 권력투쟁 속에서 자신이 낳은 아들의 공격을 받은 불명예스런 역사의 주인공이기도 하다.

조용하던 황실 내의 권력투쟁은 이때 다시 발생한다.

14대 천황과 신공 황후 사이에는 네 명의 아들이 있었는데, 위로 서 명의 아들이 모두 성장한 후 한반도 침략전쟁을 준비하는 와중에 막내아들을 임신했다고 한다. 그리고 한반도에서 돌아와 다시 일본 땅을 밟았을 때는 이 막내아들을 낳은 뒤였다. 신공 황후는 남편의 시체를 모시고 갓난아이와 함께 궁궐이 있는 곳으로 귀환길에 올랐다. 그러자 국내에 있던 형들, 특히 두 명의 형이 이러한 변화에 전전긍긍한다. 어머니가 자기들을 제치고 어린 동생을 왕으로 세울지도 모른다고 의심한 것이다.

이에 형들은 "우리들은 형이다. 어찌 동생을 따를 수 있으리요!"라며, 어머니를 상대로 모반을 꾸민다. 결국 이들은 아버지의 무덤을 꾸미는 척하면서, 선박을 이용하여 돌 진지를 구축하고 무기를 감추어서 어머니를 공격하기 위해 잠복 상태에 들어간다. 왕자들간의 싸움은 그렇다 치더라도 어머니의 가슴에 비수를 들이대는 것은 아무리 생각해도 지나친 일일 수밖에 없다. 그러나 이 모반은 두 형의 죽음으로 막을 내리고 만다. 태어나자마자 권력투쟁의 소용돌이에 빠진 이 갓난아이가 신공 황후가 죽은 뒤 15대 천황으로 즉위하는 오우진(應神)이다. 천황의 자리를 둘러싼 이 추한 싸움은 '왕자의 난'에 이은 '모자의 난'이었다.

일본 역사에서 최고의 명예를 독점하고 있는 초대 천황 때에는 '왕자의 난'이 발생함으로써 '불명예스런' 최초의 기록을 남기고, 한때 일본의 '해외 진출'에서 가장 명예스런 이름을 독점하던 신공 황후 때에는 '모자의 난'이 발생함으로써 역시 '불명예스런' 기록을 남기고 말았다. 그런데도 이들의 이름을 찬양해 마지않던 최근의 역사기록에서는 '왕자의 난'에 대해서나 '모자의 난'에 대해서 단 한 마디 언급이 없다. 오히려 초대 천황 진무에게나 신공 황후에게 하나같이 '신'이란 '명예스런' 이름을 붙여줄 뿐이다. 그러나 역사의 뒤안길에는 이처럼 시작부터 꼬인 역사가 기록되어 있는 것이다.

막가는 집안구석

한때 일본에서 천황은 '사람의 모습을 하고 나타난 신'이라고 일컬어지며, 가장 성스럽고 고결한 무엇인 양 얘기되어왔다. 지금도 일본 언론에서는 천황가의 스캔들 같은 것을 보도하는 것을 터부시한다. 일본에는 '성스러움과 고결함'의 황실 신화를 지키고 싶어하는 일단의 무리들이 있기 때문이다. 그러나 그곳 황실도 사람들이 사는 집안이었다. 지금까지의 이야기도 그렇거니와, 앞으로의 이야기도 그곳이 '신들이 사는 곳'이 아니라 '사람들이 사는 곳'임을 보여주는 아주 자연스런 사례들에 지나지 않는다.

초대 진무 천황 당시 '왕자의 난' 이후로 천황가 내의 권력투쟁은 '모자의 난'을 거쳐 그 후로도 계속 이어진다. 세 번째 권력투쟁은 '모자의 난'으로부터 4대 후인 19대 인교우(允恭) 천황 때 일어난다. 이 천황에게는 아홉 명의 아들 딸이 있었는데, 후계자로 지명된 자는 큰아들이었다. 그러나 이 큰아들은 아버지가 죽고 장사를 지낸 지 얼마 되지도 않은 대에 매우 음란하고 추한 행실을 범한다. 세상에 비밀이라는 것은 없어서, 그의 악행은 궁궐 밖으로까지 흘러나가고 이를 접한 백성들의 마음은 그를 떠나게 된다. 그러다 보니 조정 내에서도 그의 후계자 자격을 둘러싸고 분란이 발생하게 되어, 대부분의 신하들이 민심을 잃은 왕세자를 등지고 둘째 왕자를 추종하기에 이른다.

만인지상의 자리를 눈앞에 두고 있던 큰형도 급변한 형세를 모를 리 없었다. 그는 자기 신분을 유지하기 위해서 민심을 얻고 있는 둘째 동생을 치려 했으나, 모든 민심이 이미 등을 돌려 따르는 자가 없어서 몸을 숨기게 된다. 그리고 결국에는 권력을 향한 뜻을 이루지도 못한 채, 자살을 택함으로써 왕자의 난은 막을 내리게 된다. 아버지의 무덤에 채 풀이 마르기도 전에 형제간에 피로 피를 씻는 싸움을 치러야 했던 것이다. 이렇게 해서 19대 천황에 이어 20대 천황의 자리에 오른 자가 왕자의 난에서 형의 죽음을 딛고 올라선 둘째 왕자였다.

일본 황실의 역사에서 형제간이나 모자간의 싸움만 있었던 것은 아니다. 천황과 신하 사이에, 삼촌과 조카 간에, 그리고 천황 자리에 앉아 있는 형과 동생 간에도 피를 흘리는 싸움과 대립이 불을 뿜어댔다. 먼저 천황과 신하 간의 갈등, 그리고 그 결과인 천황 살해의 기록을 보자.

32대 스슌(崇峻) 천황 당시, 일본에는 이미 29대 천황(欽明) 때인 552년 백제로부터 처음 불교가 전래되어 있었다. 그러나 불교가 전래되던 당시부터 일본 내에서는 종교를 둘러싼 치열한 세력다툼이 발생하였다. 이 세력다툼의 중심에는 불교를 배척하는 모노베(物部) 씨와 지지하는 소가(蘇我) 씨가 있었다. 소가 씨는 한

반도에서 건너간 행정관리나 산업기술자들 사이에서 세력을 갖추고 있었다. 그런데 일본의 기록에 의하면, 처음 불교가 전래되던 해 일본에 질병이 나돌자, 모노베 씨가 "일본에서는 옛날부터 일본의 신을 최고로 모셔왔는데, 새로이 불교를 받드는 바람에 신의 노여움을 사서 재앙이 일어나는 것"이라고 주장하며 불상과 사원을 전부 없애버렸다고 한다. 일본의 토속신앙을 추종하는 세력에 의해서 불교가 배척을 당한 셈이다. 그리고 이 29대 천황이 죽는 해에 일본사에서 저명한 한 인물이 태어나는데, 그가 바로 쇼토쿠(聖德) 태자이다. 쇼토쿠 태자는 불교를 둘러싼 대립에서 결정적인 역할을 하는 인물이다.

30대 천황(敏達) 때에도 백제로부터 불상이나 경전이 보내지고 승려들이 파견되었으나, 불교 배척파에 의해서 불상이나 경전은 태워지고 승려들은 추방된다. 이처럼 불교 지지파가 힘을 얻지 못한 채 계속해서 숨을 죽이고 있던 때, 조정 내에서 단 한 사람 소가 씨만은 불교의 힘을 믿어 의심치 않았다. 그러다가 31대 요우메이(用明) 천황 때에 이르러 전기가 마련된다.

요우메이 천황은 불교를 지지하는 소가 이나메(蘇我稻目)의 외손자였는데, 이 천황이 죽은 후 후계자 자리를 둘러싸고 불교 배척파와 지지파 간에 일대 결전이 벌어진 것이다. 게다가 이 결전은 죽은 요우메이 천황의 시신이 땅속에 묻히지도 못한 상태에서 터진 싸움이었다. 이 일대 결전에서 쇼토쿠 태자, 그리고 그와 손을 잡은 소가 우마꼬(蘇我馬子;소가 이나메의 아들)에 의해서 불교를 배척하던 고노베 일파가 전멸을 당하였다. 불교 지지파가 세력을 얻게 된 것은 당연한 흐름이었으며, 차기 천황으로 소가 우마꼬

일본에 불교가 전래되는 데 큰 역할을 한 쇼토쿠 태자의 모습(가운데). 쇼토쿠 태자는 불심이 깊어 호류사(法隆寺)를 비롯한 많은 절을 짓기도 하였다.

의 조카가 즉위하기에 이른다. 이 사람이 32대 스슌천황이다.

조카를 천황으로 즉위시킬 정도였으니, 소가 우마꼬의 힘은 하늘을 찌를 만큼 대단했다. 그러자 천황은 삼촌인 소가 우마꼬의 횡포에 대단한 증오심을 갖게 되었고, 그를 죽이려고까지 생각했으나, 이를 탐지한 삼촌이 먼저 손을 써서 거꾸로 천황을 죽이고 만다. 천황이 신하의 손에 죽임을 당한 것이다.

이외에도 삼촌과 조카 간에 벌어진 가장 치열한 권력투쟁은 672년에 발생한 '임신(壬申)의 난'이다. 이 내란은 38대 천황(天智) 때 발생한다. 이 천황에게는 친동생(大海人)도 있었고, 친아들(大友皇子)도 있었다. 그의 친아들은 왕자로서 영의정의 신분까지 갖고 있었다. 그러나 후계자로 지명된 자는 친아들이 아니라 친동생이었다. 황실 내의 역대 분란으로 미루어볼 때, 삼촌과 조카지간인 두 사람은 매우 거북했을 것이다. 아닌게아니라 천황이 임종에 즈음해서 후계자인 친동생을 불러 황위를 물려주고 싶다는 얘기를 꺼내자, 동생은 황위 즉위를 한사코 사양한다. 뿐만 아니라 그 자리에는 형수님인 천황의 부인이나 조카인 왕자가 앉아야 한다고까지 주장하면서, 아예 머리를 깎고 산으로 들어가버린다.

그러나 조카는 이 정도로는 '마음을 비운다'고 한 삼촌이 못미더웠던지, 악착같이 삼촌을 처치하려고 계획한다. 그런데 이 계획이 사전에 누설되면서, 결국 삼촌과 조카는 서로 칼을 겨누는 비극의 사태에 직면하게 된다. 삼촌도 자신을 지키는 데에는 필사적이어서, 각 지방에 있는 병사들을 끌어모아 전투에 대비한 모든 준비를 갖추었다. 그리고 한 달 간에 걸친 이 내란에서 쓰러진 자는 '마음을 비운 삼촌'이 아니라 '악착같은 조카'였다. 조카의 죽음 위에 올라선 이 삼촌이 머잖아 40대 천황으로 즉위하게 되니, 그가 텐무(天武) 천황이었다.

그때까지의 황실 내 권력투쟁은 황위를 둘러싼 싸움이 대부분이었다. 그나마 최고 자리를 놓고 힘 겨루기의 여지가 남아 있을 때 벌어진 사건들이었던 셈이다. 다시 말해 누가 천황의 자리에 오를 것인가를 둘러싸고 벌어진 왕자들간의, 모자간의, 삼촌과 조카 간의 싸움이었던 것이다. 이처럼 막가는 듯이 전개되던 황실의 집안 싸움은 급기야 이미 천황 자리에 등극해 있는 현 천황과 전 천황의 싸움으로까지 치닫는다. 52대 사가(嵯峨) 천황 때 터진 이 싸움은 있을 수 있는 모든 추한 싸움의 전형을 마지막으로 보여준다.

50대 천황인 칸무(桓武) 천황은 794년에 지금의 교토(京都)를 일본의 수도로 잡은 천황이기도 하다. 이때부터 메이지유신이 일어나는 1868년까지 천 년 이상 움직이지 않는 수도를 자리잡았으니, 이런 명성 하나만으로도 일본 역사는 그를 기억할 만하다. 또한 그의 첫째 아들은 51대 천황으로, 둘째 아들은 그의 유언에 따라 52대 천황으로 즉위했으니, 황위계승에 있어서도 복 많은 천황으로 보인다. 그러나 그가 쌓아올린 명성이나 복은 최상의 자리까지 등극했던 첫째 아들과 둘째 아들 간의 싸움, 즉 대권을 놓고 맞붙은 두 천황의 싸움으로 인해 만신창이가 되고 만다.

아버지인 칸무 천황의 뒤를 이어 등극한(806년) 51대 헤이제이(平城) 천황은 계속해서 중병에 시달려 국사를 제대로 수행할 수 없는 몸이었다. 그는 시녀와의 사이에서 낳은 아들이 있었지만,

50대 칸무 천황의 초상. 781년 즉위한 칸무 천황은 정치개혁을 단행하였으며, 지금의 교토를 일본의 수도로 자리잡은 인물이기도 하다.

아버지인 전 천황의 유언도 있고 해서 내키지 않으면서도 동생을 후계자로 정한다. 게다가 그는 건강도 좋지 않아 천황으르 즉위한 바로 그해에 동생을 후계자로 삼을 수밖에 없는 형편이었다. 결국 그는 천황의 자리에 오른 지 겨우 4년 만에 더 이상 몸을 지탱할 수 없게 되어 황위를 동생에게 물려주고, 자신은 상황으로 물러앉는다. 그리고 809년 그의 동생이 52대 천황으로 즉위한다. 이렇게 보면 어느 정도 모양새 좋은 흐름을 보이는 듯싶지만, 속은 당초부터 곪고 있었다.

사건의 발단은 51대 헤이제이 천황이 총애하던 구스코(藥子)라는 여인에게 있었다. 구스코에게는 남동생이 있었는데, 그는 참의 신분의 귀족이었다. 천황의 총애를 받는 여인을 누나로 두고 있었으니, 그의 세도도 만만치 않았을 것이다. 이들 남매는 헤이제이 천황이 자기 동생을 후계자로 삼자 이에 불만을 품고 후계자를 폐위시킬 음모를 획책하였다. 그러나 누나의 애인이 천황 자리에서 물러나 상황(上皇)으로 물러앉고 후계자가 새로운 52대 천황으로 앉게 되자, 그 역시 세력을 잃게 된다.

그런데 건강상의 이유로 천황의 자리에서 물러났던 상황이 채 1년도 되지 않아 건강을 회복하면서 새로운 국면이 전개된다. 건강 때문에 황위에서 물러난 상황은 요양차 각지를 전전하면서도 구스코를 옆에 두고 계속 열애를 나누었다. 그리고 상황의 건강이 회복되는 것을 본 구스코와 그녀의 동생은 과거의 권세를 잊을 수가 없어서 상황을 다시 천황으로 복귀시키기 위한 음모를 획책한다.

상황은 상황대로 건강 때문에 어쩔 수 없이 퇴위한지라 건강을 회복하면 다시 천황으로 즉위하고 싶다는 생각을 품고, 상황으로 있으면서도 '큰일은 자신이 결정하고, 작은 일은 천황이 결정' 하는 구도를 생각했다. 그리하여 건강을 회복한 상황은 무력으로 천황 자리를 탈환하기 위해 자신이 거처할 궁전을 세운다는 핑계로 나라(奈良)에 머물면서 세력을 규합하기 시작한다. 그리고 810년 천황이 임명한 관리를 파면시킴으로써 천황에 대한 선전포고를 하고 나섰다. 천황이 내린 명령을 상황이 거두어버린 셈이니, 국가의 명령이 두 곳에서 나온 것과 같았다. 상황은 이러한 수단을 통해서 천황의 대권을 빼앗고 천황을 폐한 다음 개차 천황으로 즉위하고자 했던 것이니, 일거에 두 명의 천황이 탄생한 셈이었다.

이런 사태의 변화는 상황이 동생에게 천황 자리를 물려준 지 불과 1년 여 만에 일어났다. 이렇게 짧은 기간 안에 모든 것이 변할 것이라면, 천황 자리는 무엇 때문에 물려줬는지 모를 일이다. 어쨌든 너무나 성급한 양위에다 너무나 조급한 반란이었다. 사태가 심상치 않음을 간파한 천황은 천황대로 만반의 준비를 갖추고 형인 상황측의 공격에 대비한다. 그리고 이윽고 터진 형제간의 싸움은 상황의 패배로 막을 내리고 말았다. 천황측의 공격이 있다는 소문을 들은 상황측 병사들이 뿔뿔이 줄행랑을 쳤기 때문이다. 한마디로 오합지졸을 끌어모아서 반란을 일으키려고 했던 것이니, 대단한 야욕에 비한다면 대단히 허술한 준비가 아닐 수 없다. 그러나 다행히도 이 때문에 많은 사람들이 피를 흘리지 않고도 반란을 끝낼 수 있었으며, 그 덕에 상황도 피를 흘리는 대신 머리를 깎고 슬가의 길을 택할 수 있었다. 그러나 그의 여인이었던 구스코는 자살의 길을 택하고, 그녀의 남동생은 전투에서 사살당한다. 권력의 포로가 된 이들 남매 집안은 완전한 몰락의 길에 들어서고 만 것이다.

초대 천황 때부터 꼬이기 시작한 황실의 역사는 일어날 수 있는 온갖 권력투쟁의 핏빛 기록을 남겼으며, 나중에는 막가는 집안구석을 연상시키기까지 한다. 물론 권력을 둘러싼 황실 내의 칼부림은 이상의 이야기로 끝나지 않는다. 시작부터 꼬이고 막나간 역사가 보여주듯이, 권력을 둘러싼 황실의 추한 싸움은 그 후에도 계속되었다. 사람 사는 집안구석이 다 그렇듯이, 천황이 사는 집안구석도 다 그러했던 것이다.

악마의 얼굴

　권력에 눈 돈 자들의 추한 싸움 이야기는 동서고금을 막론하고 흔하디 흔해빠진 이야기다. 굳이 특정한 민족의 이야기라고 생각할 필요가 없다. 단지 세상에는 이런 상식을 가로막았던 왜곡의 시대, '성스러움과 고결함' 만을 선전하던 기만의 시대가 있었을 뿐이다. 일본 역시 천황의 '신성함' 만을 선전하던 그런 시대를 지나왔다. 그러나 일본은 여기에 한 가지 더 숨겨온 것이 있었다. 과연 무엇을 숨기려고 했을까? 그건 추하고 악마와 같은 천황의 사생활이었다.
　19대 인교우 천황 때, 후계자로 임명된 큰아들은 워낙 용모가 수려해서 보는 이들이 모두 반할 정도로 대단한 미남이었다. 그런데 그의 가까운 곳에는 자태가 아주 빼어난 미모의 한 여인이 있었다. 그 여인은 다름아닌 어머니의 여동생, 즉 작은이모였다. 이 큰아들은 많고 많은 여인 중에 하필이면 이모에게 연정을 품게 되었다. 그것이 죄가 되는 것을 알고 있던 그는 처음에는 자신의 추한 욕망을 참을 대로 참았으나, 타오르는 욕망을 더 이상 인내할 수 없게 됐을 무렵 결단을 내린다. 연정을 참다가 허무하게 죽느니, 차라리 처형을 당하는 한이 있더라도 추한 욕망을 실현하고 죽는 게 낫다고 마음먹은 것이다. 죽음을 무릅쓴 그는 드디어 이모와 육체적인 관계를 맺는 데까지 가고 만다. 그러나 결국 그의 추행은 천황에게까지 알려지고 후계자를 처형할 수 없었던 천황은 이모를 유형에 처하는 것으로 추한 불륜에 종지부를 찍는다.

이로부터 18년의 세월이 지난 후 인교우 천황이 죽었으나, 사람들은 천황의 뒤를 잇게 될 큰아들의 예전 죄를 잊지 않고 있었다. 다른 죄도 죄이거니와 특별히 근친상간에 가까운 이 죄는 용납될 수 없었던 탓이다. 천황의 장례가 끝났을 때, 차기 천황으로 지명된 큰아들은 과거의 음란하고 추한 행실 때문에 사람들로부터 버림을 받는다. 큰아들을 등진 신하들은 그의 동생을 추종하기에 이르고, 이를 만회하기 위해서 큰아들은 칼을 뽑아 든다. 그러나 따르는 자는 아무도 없었다. 결국 동생의 반격을 눈앞에 둔 큰형이 자살을 택함으로써 형제간의 난은 막을 내린다.

그런데 문란한 사생활 때문에 버림을 받은 큰형 못지않게 그의 죽음을 딛고 20대 천황에 오른 동생도 문제였다. 이 천황도 음란의 덫을 벗어나지 못하고 암살이라는 비명횡사의 길을 걷게 되기 때문이다. 그 형에 그 아우였던 셈이다. 이 암살은 천황이 살해당하는 최초의 '불명예스런' 사건으로 기록되는데…….

앞서 본 대로 20대 안꼬우 천황은 원래 그 자리에 앉게 될 형의 죽음을 딛고 권력을 장악한다. 다시 말해 순리적인 후계자 책봉을 받고 황위를 이어받은 게 아니었던 것이다. 물론 형에게는 대통을 이어받을 수 있는 자식이 없었으나, 대신 천황의 지위를 이어받을 수 있는 작은아버지(大日香皇子)가 있었다. 이를 화근으로 생각했는지, 그는 자신의 경쟁자이기도 한 작은아버지를 살해하고 만다. 그래도 여기까지는 흔해빠진 권력투쟁 이야기다. 그런데 무고한 작은아버지를 살해한 안꼬우 천황은 그것도 모자라서 작은아버지의 처까지 빼앗는다. 작은어머니를 자기 여자로 만든 것이다. 피의 흐름인가! 형은 죽음을 무릅쓰고 이모를 품더니만, 그 동생은 피를 보며 작은어머니를 품고 만다. 형제가 나란히 패덕의 극치를 보여준 것이다.

그 죄의 대가는 어린아이의 손을 통해서 내려진다. 죽임을 당한 이 작은아버지에게는 일곱 살 된 어린 자식(眉輪王)이 있었는데, 이 자식은 어머니가 천황의 부인이 된 덕에 살아남아 있었다. 이 아이는 어느 날 다른 아이들과 어울려서 신나게 놀다가 누각에서 천황과 자기 어머니가 나누는 얘기를 엿듣게 된다. 술 파티가 파한 뒤 기분 좋게 취한 천황이 이런저런 이야기를 하고 있던 참이었다. 이야기의 내용은 이 어린 자식이 성장하면 아버지를 죽인 자신에게 원한을 품지 않을까라는 것이었다. 취중에 많은 말을 하고 난 천황은 낮잠에 빠져든다. 모든 이야기를 엿들은 어린아이는 누각으로 올라가 천황이 깊이 잠든 것을 확인하고는, 거기에 있던 칼을 빼 들고 어머니 무릎에 드러누워 있던 천황의 목을 내리친다. 복수의 기회가 일찍 찾아온 것이다. 물론 천황은 즉사하였다. 천황이 암살(?)당한 최초의 기록이다.

죽음을 무릅쓰고 이모를 품은 형이나, 작은아버지를 죽이고 작은어머니를 취한 동생이나 다를 게 없다. 그래서 이들 패륜아 형제는 똑같이 제 명을 견디지 못하고 죽어야 했다. 그러나 황실의 역사에서 진짜 악명으로 이름을 날린 천황은 이들 형제가 아니다. 악마의 얼굴을 한 잔인무도한 천황은 따로 있었다. 폭군 제1호로 기록되어 있는 21대 유랴쿠(雄略) 천황이 바로 그 사람이다. 그런데 얄궂게도 이 천황 또한 앞의 패륜아 형제의 동생이었다.

이 폭군은 자기 형인 20대 안꼬우 천황을 암살한 어린아이를 추격하여 불에 태워 죽이고, 차기 천황으로 물망에 올라 있던 사촌을 사냥하러 간답시고 데려가서는 사살해버린다. 오로지 권력을 장악하기 위한 폭거였다. 이자는 일찍부터 악명으로 이름이 높았다. 그에게 쏟아진 비난은 이렇다. 우선은 평소에도 난폭하고 무섭다는 점이다. 변덕이 워낙 심해 갑자기 기분이 나빠지면 아침에 만난 사람이라도 저녁에 살해당하고, 저녁에 만난 사람이라도 다음날 아침에 죽임을 당할 정도였다. 사람 죽이기를 식은 죽 먹듯 했다는 뜻이다.

또한 워낙에 여자를 탐했던 그는 어느 날 강가에서 아리따운 처녀를 보고 마음이 끌려 이 여인에게 "조만간 궁중으로 부를 테니, 시집가지 말고 있거라"라고 약속한 후 까마득하게 잊어버리고 만다. 이 아리따운 처녀는 꽃다운 나이를 모두 버리고 그만을 기다리기를 장장 80년, 노파가 된 뒤에야 그를 찾아갔다고 한다. 무심하기 짝이 없는 일이기는 하지만, 그나마 이런 일은 다행스런 일에 속한다. 그는 지방에 있는 어느 호족의 부인이 아주 예쁘다는 얘기를 듣고, 이 부인을 차지하기 위해서 남편을 먼 곳으로 발령내고는 결국 부인을 빼앗아버리기도 했다. 그나마 이것까지도 다행 중의 다행이다.

백제왕의 명령을 받고 일본에 건너온 여인(池津姬)을 맘에 들어했던 천황은, 백제 여인이 자신의 요구를 거절하고 다른 남자와 부부가 되자 분노에 차서 이들 부부를 나뭇가지에 묶어놓고는 밑에서 불을 피워 태워 죽이는 잔혹함을 보인다. 이 천황의 눈에 든 여인이나 미움을 산 여인은 그의 마수에서 벗어나지 못했다. 그의 말 한 마디에 모두가 사시나무 떨듯이 그의 발 아래 몸을 던질 수밖에 없었던 것이다.

 한편 어느 날 사냥을 나가서 많은 짐승을 포획한 그는 밤이 되어 휴식을 취할 때, 수행한 하인들에게 이렇게 묻는다.

 "요리사에게 음식을 만들게 하는 것과 내가 만드는 것 중 어느 쪽이 사냥의 즐거움으로는 더 나을까?"

 천황의 의중을 모르는 하인들은 뭐라고 대답해야 할지 몰라 우물쭈물했다. 그러자 천황은 이들을 죽여버리고 만다. 자기 질문에 제대로 대답하는 자가 없어서 '화가 났다'는 이유 때문이었다. 무지막지한 천황과 함께 동행한 하인들은 불운하게도 사냥길이 저승길이 되고 만 것이다.

 사소한 실수 때문에 그의 칼 세례를 받을 뻔했던 여인도 있다. 하루는 나무 밑에서 술자리가 벌어져 천황에게 술을 바치게 된 궁녀가, 포악한 군주 앞에서 너무 긴장했는지 술잔에 나뭇잎이 떨어진 것을 미처 알아채지 못했다. 술잔을 받아들고 잔 속에 떨어진 나뭇잎을 본 천황은 대뜸 궁녀를 때려눕히고는 칼을 빼 들고 궁녀를 내리치려고 하였다. 이 궁녀는 순간적으로 '천황과 나뭇잎'을 노래하는 멋진 시 한 수를 읊조려 아슬아슬하게 살아남을 수 있었다.

그는 자신의 권위를 두려워하지 않는 자도 죽이고 싶어했다. 어느 날 한 목공이 돌 위에서 도끼로 나무를 깎고 있는 것을 본 천황은 "혹시 잘못해서 도끼를 돌에 부딪치는 일은 없는가?"라고 물어본다. 이에 목공은 자기 손은 결코 그런 실수를 범하지 않는다고 답한다. 그러자 천황은 궁중의 하녀들을 불러모아 옷을 벗게 하고 허리에 감은 천 하나만 남긴 채 씨름을 하도록 시킨다. 목공은 잠시 손을 놓고 벌거벗은 여인들이 뒤엉켜서 씨름하는 광경을 지켜보다가 다시 도끼를 들고 나무를 깎으려는 순간, 그만 손이 떨려 도끼가 미끄러지면서 날을 다치고 만다. 그러자 천황은 "웬 놈이 짐을 두려워하지 않고 감히 불순한 마음을 갖고 건방지게도 가볍게 대답을 하느냐! 괘씸한 놈이 아니냐!"고 하면서 칼을 빼 들고는 목공을 죽이려 들었다.

한마디로 유랴쿠 천황은 별별 트집을 다 잡아 툭하면 사람을 죽이려 들었던 악마였다. 일본 조정에서 편찬한 고대 역사책은 이렇게 기록하고 있다.

"자기 마음 하나만으로 모든 것을 결정하는 바가 있었고, 잘못해서 사람을 죽이는 일이 많았다. 천하가 이를 비방해서 이르기를 '너무나도 악한 천황'이라고 말했다."

오죽했으면 이렇게까지 쓰고 있을까! 그는 역사책조차도 눈감아줄 수 없을 만큼 잔인무도한 자였던 것이다. 그러나 이보다도 더 잔혹한 자가 4대 후에 나타나니, 그가 바로 25대 부레쯔(武烈) 천황이다. 이 천황 역시 더할 나위 없는 폭군으로 사람 죽이기를 놀이로 삼을 만큼, 말로 다할 수 없는 포악한 자였다. 천황의 자리에 있는 동안 악행이란 악행은 빠짐없이 저질러 모든 조정 신

《훈몽 황국사략》(1873)에 실려 있는 부레쯔 천황의 폭행을 묘사한 삽화. 일본 황실도 신들이 사는 곳이 아니고 '사람들이 사는 곳'이었기에 이처럼 악마적 소행을 보인 천황들이 존재했다.

하늘은 오로지 비탄에 젖을 따름이었다. 도대체 이 천황은 무슨 일을 어떻게 저질렀을까? 그가 저지른 악마적인 악행을 고대 역사서가 기록하고 있는 순서에 따라 그대로 추적해보면 대략 다음과 같다. 그의 악행은 즉위한 지 2년 째 되는 해부터 시작된다.

2년 9월, 임산부의 배를 갈라서 그 태아를 보다.
3년 10월, 사람의 손톱을 뽑고 감자를 파게 만들다.
4년 4월, 사람의 머리털을 뽑고 나무 위에 오르게 한 뒤에, 나무 밑기둥을 잘라 쓰러뜨려서 사람을 떨어져 죽게 만들고 재미있어 하다.
5년 6월, 사람을 저수지 통 속에 들어가게 만들고, 물길을 따라

밖으로 흘러나오는 이를 삼지창으로 찔러 죽이고는 즐거워하다.

7년 2월, 사람을 나무 위에 오르게 하고, 활을 쏘아 떨어져 죽게 만들고 웃었다.

8년 3월, 여자들을 발가벗기고 평평한 바닥 위에 앉힌 다음 말을 끌고 나와 면전에서 교미를 시키다. 여자의 음부를 조사해서 축축하게 젖어 있는 자는 죽이고, 그렇지 않은 자는 관의 노비로 삼았다. 이것이 즐거움이었다. 이 무렵 많은 배우들을 불러모아 음란한 음악을 연주하게 만들고, 기괴한 놀이를 시키면서 마음 내키는 대로 방종한 소란을 피웠다. 밤마다 후궁의 여자들과 어울려 술에 빠졌다.

8년 12월, 천황이 세상을 떠나시다.

이상은 있는 그대로의 기록이다. 그것도 일본 최고의 역사책이라고 일컬어지는 《일본서기》의 기록이다. 거의 해마다 기괴한 악행을 즐겼음을 알 수 있다. 그 사이사이에도 얼마나 많은 악마적 소행을 저질렀을지는 짐작이 가고도 남는다. 그래서 이 책은 이렇게 전한다.

"끊임없이 여러 가지 악행을 저질렀다. 좋은 것은 하나도 익히려 하지 않고, 이런저런 극형을 몸소 참관하지 않는 것이 없었다. 나라 안의 인민들은 모두가 두려움에 떨었다."

가련한 이들은 이런 악마의 시대를 살아야 했던 일본의 수많은 민중들이었다. 후에 등장하는 57대 천황(陽成)도 부레쯔 천황 뺨치는 자였다. 기가 막힌 신하들도 "무슨 괴물에 씌었기 때문에 이처럼 날뛰는 것이다"라고 말할 정도였으니, 다른 말이 필요없다.

혹자는 천황의 추한 권력다툼이나 악마적 소행을 보고 '혹시나' 했더니 '역시나'라면서 천황의 역사를 전면적으로 비하하고 싶은 마음이 들지도 모르겠다. 그러나 그건 진실의 일부일 뿐 전부가 아니다. 우리들은 핏빛으로 물들고 악마의 소굴로 타락한 황실 역사의 반대편에 눈물겨운 역사도 살아 숨쉬고 있음을 알아야 한다. 이유는 단순하다. 황실도 '신들이 사는 곳'이 아니고, '사람들이 사는 곳'이었기 때문이다.

형님 먼저, 아우 먼저

　조선시대를 그린 역사드라마는 대개 지존의 자리를 놓고 벌인 혈족간의 더러운 싸움으로 장식되어 있다. 그러나 거슬러 올라가면 신라시대 초기 왕들이 왕권을 양보하느라고 서로 밀고 미루는 미담을 만날 수 있다.

　박혁거세의 아들인 신라 2대왕(남해왕)이 죽자, 후계자 문제가 불거진다. 남해왕에게는 노례라는 왕자가 있어 후계자는 정해져 있는 셈이었으나 노례 왕자는 왕좌를 매부에게 극구 사양한다. 영문이야 알 수 없지만 노례 왕자가 왕위를 극구 사양하니 매부에게는 굴러온 떡이나 다름없었다.

　그러나 매부는 떡을 덥석 물지 않는다. 대신에 그는 왕을 결정하기 위한 한 가지 제안을 하면서 떡 얘기를 꺼낸다. 왕을 결정하는 데 웬 떡 이야기냐 하겠지만, 거기에는 깊은 지혜가 있었다. 왕자의 매부는 예전부터 거룩하고 슬기로운 사람은 이가 많다고 했던 이야기를 들어 이렇게 말한다.

"대개 덕이 많은 자는 이가 많으니 마땅히 잇금으로 시험해봅시다."

즉 이빨자국을 보기 위해 떡을 깨물어보자는 말이었다. 왕자와 매부는 입 안 가득히 떡을 집어넣고는 끊어지지 않을 만큼만 깨물어 떡 위에 나 있는 이빨자국을 보고 왕을 정하기로 하였다. 그 결과 어질고 겸손한 왕자가 왕위를 이어받게 되니, 그가 바로 신라 3대왕인 유리왕이다. 지혜로운 매부도 유리왕에 이어서 왕으로 등극하니, 바로 신라 4대왕인 탈해왕이다.

신라 시조 박혁거세는 어질고 지혜로운 후임자를 계속해서 두었으니 복도 많은 셈이다. 그럼 일본 천황가의 역사는 어땠는가? 앞서 본 대로 시작부터 꼬이고 세월이 흐른 뒤 막가는 집안구석처럼 권력다툼과 폭군의 등장으로 만신창이가 되었으나, 상처투성이의 역사 사이사이에서 어질고 욕심 없는 천황들을 충분히 만날 수 있다.

일본 황실의 시조인 초대 천황은 탐욕스런 큰아들을 둔 탓으로 세 명의 아들간에 왕자의 난을 겪는 등 불운한 듯 보이나, 그에게는 두 명의 착한 아들이 있었다. 반란을 일으킨 큰아들이 셋째 아들에게 활을 맞아 죽으면서 왕자의 난이 종결된 뒤, 후계자로 임명됐던 셋째와 둘째 사이에 황위계승을 둘러싼 문제가 제기된다. 이 경우 큰형의 반란을 진압한 원래의 후계자 셋째가 당연히 왕권을 이어받았을 것으로 보이나, 셋째는 둘째 형에게 그 자리를 양보한다. 둘째 형도 마찬가지로 동생에게 극구 양보한다. 사실 둘째 형이야 동생에게 면목이 없다. 아버지의 장례식을 틈타 큰형이 반란을 일으켰을 때 자기는 손이 덜려 화살을 잡아당기지도 못했는데, 동생은 단 한 차례의 화살로 가슴을 명중시켜 반란을 제압했던 터였기 때문이다. 그래서 둘째 형은 "나는 너의 형이지만, 기가 약해서 도저히 잘 해나갈 수가 없다. 그러나 너는 뛰어난 무용을 지니고 있고 스스로 적을 쓰러뜨렸다. 네가 천황의 자리에 앉아서 황실의 일을 이어받는 것이 당연하다"며 사양한다. 그러나 동생 역시 둘째 형에게 극구 아버지 뒤를 이으라며 사양한다. 형님 먼저 아우 먼저가 반복된 것이다. 결국에는 손수 활을 쥐고 큰형을 향해 시위를 당긴 셋째 동생이 2대 천황으로 즉위한다.

어진 형제들임에는 분명하다. 그러나 한 가지 문제가 있었다. 양보도 적당히 해야 하는 법인데, 형님 먼저 아우 먼저가 무려 4년 간이나 계속된 것이다. 불행하게도 일본에는 '거룩하고 슬기로운 사람은 이빨이 많다'는 얘기가 없었던 모양이다. 신라 탈해왕처럼 떡을 씹어봤으면 금방 알았을 텐데……. 하여튼 천황 자리를 무려 4년씩이나 공백으로 남겨뒀으니, 어진 마음은 좋다고 하더라도 이 또한 지혜의 부족이 아닌가 싶을 따름이다.

일본에서 최고의 인군(仁君)으로 일컬어지는 사람은 16대 닌토쿠(仁德) 천황이다. 이때도 드라마틱한 형님 먼저 아우 먼저가 재연된다. 15대 천황에게는 여러 명의 후실이 있었다. 천황은 황후의 몸에서 난 왕자(이 아들이 훗날 16대 천황이 된다)를 포함해서 많은 왕자들이 있는데도, 이를 제치고 후실의 몸에서 난 아들(우지〔宇治〕황태자)을 후계자로 삼는다. 황후의 몸에서 난 형을 놔두고 후실의 몸에서 난 동생을 후계자로 세웠으니 뭔가 부자연스런 후계자 책봉이긴 하다. 그래서 천황은 사전에 다른 왕자들에게도 그 뜻을 물어보았는데, 오로지 황후 소생의 왕자만이 이에 동의

한다. 그리고 후실 소생의 어린 아들을 후계자로 책봉한 지 1년 만에 15대 천황은 죽는다.

통상적으로는 이런 경우에 왕자의 난이 발생하는데, 이 경우에는 달랐다. 후실 소생의 동생은 왕권을 황후 소생의 형에게 양보하면서 천황 자리에 즉위하려고 하지 않았다. 우선 자기는 동생이기 때문에 형을 제치고 등극할 수가 없다는 것이었다. 또한 이 동생은 형의 인격을 대단히 존경했는지 구구절절 형의 인품을 칭송하면서, 형 같은 분이 천황 자리에 올라야 천하가 편안하다며 한사코 사양하였다. 그리고 자기가 후계자가 된 것은 재능이 있기 때문이 아니라 단지 선대 천황으로부터 귀여움을 받았기 때문이라며, 자기가 왕권을 양보하는 걸 조금도 의심하지 말고, 부디 형이 천황 자리에 올라달라고 간청한다.

이 정도면 다음을 완전히 비워버렸다고 할 수 있다. 그러나 형도 이에 뒤지지 않는다. 형 또한 동생 이상으로 동생이 후계자가 되어야 하는 이유를 구구절절 밝히며 동생의 간청을 받아들이지 않는다. 무엇보다도 아버지가 동생을 후계자로 임명한 일이 잘못된 것일 수가 없으며, 또한 아무리 동생의 간청이라 할지라도 생전에 남긴 아버지의 명을 거스르면서까지 간청을 따를 수는 없다는 이유 때문이었다.

황위를 서로 양보하는 동안 모반 사건도 터진다. 다른 왕자가 후계자 자리를 넘보며 반란을 일으킨 것이다. 이런 와중에도 이들 두 형제의 신의는 변함이 없었다. 형은 직접 나서서 반란을 진압한 후에도 황위는 동생이 이어받아야 한다면서 끝끝내 고집을 꺾지 않는다.

한번은 이런 일도 있었다. 어느 어부가 천황에게 올리는 진상품으로 싱싱한 생선을 동생에게 가져가자, 동생은 자기는 천황이 아니라고 물리치면서 형님에게 가져가도록 한다. 그런데 형 또한 자기는 천황이 아니라면서 동생에게 가져가도록 한다. 이 일이 수차례 반복되는 동안 그만 생선이 썩어버리고 말았다. 어부는 어쩔 수 없이 새로 싱싱한 생선을 준비해서 다시 진상품으로 올렸으나 상황은 마찬가지였다. 오고 가는 데 지쳐버린 어부는 그만 생선을 던지면서 울어버리고 만다. 그야말로 털끝만큼의 사욕도 없는 형제지간이었다.

이처럼 형님 먼저 아우 먼저 하는 동안 3년이란 세월이 흘러버리고, 그 동안 국정은 불안한 공백 상태가 이어진다. 그러다 드디어 결단의 날이 오기는 온다. 동생이 먼저 선수를 치고 나선 것이다. 형의 뜻을 도저히 꺾을 수 없다고 느낀 동생이 자기가 오래 살아서 나라를 혼란스럽게 만드는 것을 참을 수 없다며 자살해버리고 만 것이다. 극약처방을 선택한 셈이다. 이 소문을 듣고 동생 집으로 달려간 형은 가슴을 치고 머리를 쥐어뜯으며 통곡에 통곡을 했다고 전해진다. 이렇게 해서 즉위한 사람이 바로 16대 닌토쿠 천황이다.

대단히 아름답고 보기 드문 이야기이다. 마음씨 고운 사람의 죽음은 누구의 죽음이든지 몹시 안타깝다. 단지 애석한 것은 자살이라는 극약처방이 아닌, 좀더 현명한 해법은 없었을까 하는 점이다. 거듭해서 비교가 되는 사람은 역시 왕을 결정하기 위해서 떡을 씹는 지혜를 짜낸 신라의 탈해왕이다. 천황가의 역사에서 이런 아름다운 얘기는 다시 반복된다.

22대 세이네이(清寧) 천황에게는 자식이 없었다. 이 천황의 아버지는 툭하면 사람을 죽이려 들었던 탓에 '너무나도 악한 천황'이라고 비난을 받았던 21대 유랴쿠 천황이다. '너무나도 악한 천황'의 자식에게 뒤를 이을 자식이 없었던 것은 어쩌면 업보였는지도 모른다. 그러나 마침 어느 연회에서 세이네이 천황은 운 좋게도 궁궐의 난리를 피해서 숨어 살던 두 명의 황족을 만나게 된다. 이 만남에는 기구한 사연이 숨어 있었다.

원래 20대 천황은 차기 후계자로 동생 유랴쿠가 아닌 사촌에게 마음을 두고 있었다. 이를 안 유랴쿠가 사촌을 시샘하여 사냥터에서 살해한 적이 있었는데, 이때 살해당한 사촌의 자식들은 화가 자신들에게까지 미칠까 두려워 변방으로 피신하였다. 그리고 신분을 숨긴 채, 소와 말을 돌보는 비천한 일을 하고 있었다. 이 두 명의 황족이 바로 그때 천황과 만나게 된 것이다. 따라서 이들 형제는 아버지가 살해되지 않았다면, 언젠가는 천황의 지위를 이어받을 자들이었고 촌수로도 세이네이 천황과 아주 가까운 사촌 뻘이 된다.

하여튼 자식이 없어 후계자 문제로 고민하던 세이네이 천황에게는 안성마춤격으로 이들 형제가 나타나준 셈이다. 세이네이 천황은 이들 중에서 형을 후계자로 정하고 1년 후쯤에 죽는다. 그러나 문제는 곧바로 터진다. 후계자로 내정된 형이 천황 자리를 동생에게 양보하고 나선 것이다. 거기에는 그럴 만한 사유가 있었다.

몸을 숨기고 살던 이들 형제가 세이네이 천황을 만나게 된 것은 동생의 용기 있는 제안 때문이었다. 연회에서 천황을 만난 이들 형제는 처음에는 몸을 숨기고 살던 터라 자신들의 신분을 밝힐 수가 없었다. 더군다나 세이네이 천황은 자신들의 아버지를 죽인 유랴쿠 천황의 아들이었으니, 잘못하다가는 화를 입을 수도 있는 일이었다. 동생은 천황을 만날 수 있는 둘도 없는 기회인 이번 연회를 이용해서 신분을 밝히는 것이 좋겠다고 형에게 제의한다. 그러나 형은 죽임을 당할 수도 있지만 신분을 밝히는 게 좋을지, 아니면 신분을 속여서 재앙을 피하는 게 좋을지 갈피를 잡지 못했다. 하지만 동생의 입장은 단호했다. 소나 말을 돌보며 비천하게 살다 죽느니, 떳떳이 신분을 밝혀서 그때 죽는 게 낫다고 생각한 것이다. 생과 사를 가르는 중요한 문제에서 동생은 과단성 있는 주장을 한다. 결국 동생의 주장에 따라 신분을 밝히게 된 이들 형제는 죽임을 당하기는커녕 오히려 궁중으로 모셔지고, 형은 후계자로까지 임명을 받기에 이르렀던 것이다.

오늘의 모든 영화가 오직 동생의 과단성 있는 결단에서 비롯되었다고 생각한 형은 한사코 왕권을 양보하고, 동생은 동생대로 형의 간청을 받아들이지 않았다. 형은 동생이, 동생은 형이 천황으로 즉위할 것을 청하고 나서며 왕권을 양보하기를 수차례, 도무지 결론이 나지 않았다. 국정의 공백을 방치할 수는 없었기에 이들 형제는 하나의 절충적인 타개책을 마련한다. 아예 누이를 천황 자리에 앉혀버린 것이다.

마음을 비운 이들 형제의 아름다운 이야기는 앞에서 본 16대 닌토쿠 천황 때의 이야기를 그대로 연상시키나, 그 해법에 있어서는 자살이라는 극약처방보다 현명한 편이다. 그 후 천황으로 즉위한 누이는 1년이 안 되어 죽어버리고 만다. 이어서 정식으로 천황에 즉위한 자가 동생인 23대 천황(顯宗)이다. 그리고 이어서 형도 24대 천황(仁賢)으로 즉위한다. 고운 마음씨를 가진 이들 형제는 그에 상응하는 보상을 받은 것이다. 단지 역사의 얄궂은 장난이 있다면, 이렇게도 어질고 착한 24대 천황의 뒤를 잇게 된 아들이 임산부의 배를 갈라 태아를 보는 등 악행이란 악행은 빠짐없이 저지른 25대 부레쯔 천황이란 점이다. 이 무슨 얄궂은 운명일까?

어쨌든 왕자의 난처럼 천황의 자리를 둘러싸고 핏빛으로 물들었던 천황가 역사에도, 이렇게 마음을 비운 아름다운 이야기가 숨겨져 있는 것이다.

연기 없는 굴뚝

 그 집안이 어떠한지를 알려면 현관의 신발 상태를 보라는 말이 있다. 신발 정리 상태가 엉망인 집은 그 속도 엉망일 수밖에 없기 때문이다. 하나를 미루어 열을 아는 지혜란 이런 것이다. 경제에 대해서도 마찬가지다. 경제 사정을 알려면 시장에 가보면 될 것이다. 경제의 척도는 시장 바구니에 있기 때문이다. 정치가들이 민생의 고뇌를 풀어나가는 데 있어서, 열 개를 알기 전에 이 하나만 제대로 파악해도 모든 것이 보일 것이다. 그러면 옛날에는 무엇을 보고 백성의 어려움과 즐거움을 알았을까? 이것을 모르고서는 어진 정치니 덕치니 하는 것이 모두 헛것이 될 수밖에 없었으니, 그건 바로 굴뚝이었다.
 앞에서도 봤듯이 일본에서 최고의 어진 군주로 일컬어지는 16대 닌토쿠 천황은 천황 자리를 양보하느라 형님 먼저 아우 먼저 했던 어질고 덕이 많은 사람이었다. 황위를 둘러싼 그의 태도를 통해 어진 군주의 싹을 충분히 엿볼 수 있지만, 그가 처음부터 어

진 군주라는 명성을 얻었던 것은 아니다. 그의 바람은 백성들이 자신의 덕을 칭송해 마지않고 집집마다 기쁨의 노래를 소리 높여 부르는 통치를 펼치는 것이었다. 그러나 천황으로 즉위한 지 3년이 지나도록 그의 덕을 칭송하는 소리는커녕, 즐거움의 노랫소리조차 들리지 않았다.

그러던 어느 날 천황이 궁궐의 높은 곳에 올라가서 주위를 둘러보았는데, 민가 굴뚝에서 연기가 피어오르지 않았다. 천황은 그 이유를 금방 알아챘다. 백성들이 가난해서 밥을 짓는 사람이 없기 때문이었다. 물론 그 근본적인 이유는 흉작이 계속되는 데다, 이전 통치자들이 전쟁으로 날을 지새우는 바람에 백성들이 곤궁해진 탓이었다. 이를 목격한 천황은 다른 데까지 생각이 미친다. 일본의 중심지인 교토조차 이런 판국이라면, 지방 사정은 오죽하겠느냐는 것이다. 굴뚝을 보고 백성의 곤궁함을 알아챘을 뿐만 아니라 지방의 곤궁함에까지 생각이 미친 것이다.

천황은 이로부터 한 달 여가 지난 어느 날 중대한 정치적 결단을 내린다. "지금부터 3년 간은 모든 과세를 중지함으로써 인민들의 고통을 덜어주고자 한다"는 것이었다. 3개월도 아니고 3년간이나 세금과 노역이 전부 면제라는 소리다. 이는 향후 3년 간 재정이나 노역이 필요한 국가적인 사업은 아무것도 하지 않겠다는 말과 마찬가지였다. 세금을 거두어들이지 않는다면 심각한 경우 궁궐에서 먹을것이 바닥날 수도 있지 않은가. 하여튼 대단한 각오가 있지 않고서는 불가능한 일이다.

천황은 이 약속을 진지하게 실천할 의사가 있었던 모양이다. 그는 그때부터 의복이나 신발은 해어질 때까지 그냥 입고 신는

2장 천황가의 두 얼굴 | 83

다. 음식도 썩지만 않는다면 버리는 일이 없었고, 궁궐의 담벼락이 무너져도 새로 고치지 않는다. 이럴 정도니 지붕의 초가가 사그라져도 새로 덮어씌우는 일이 없었으며, 비바람이 몰아치고 지붕으로 별이 보여도 그대로 참고 지냈다. 한마디로 마음과 정성을 다해서 인고의 생활을 견뎌나갔고, 이 덕에 백성의 부담은 훨씬 줄어든다. 그는 천황으로 즉위할 때부터 새로운 궁전을 짓기 시작했으나, 색칠도 하지 않고 기둥에 아무런 장식도 하지 않은 채 살았다. 쓸데없이 백성들의 시간을 빼앗아서는 안 된다고 생각했기 때문이다.

이러기를 3년, 다시 궁궐의 높은 곳에 올라가서 주위를 둘러보니 민가의 굴뚝에 연기가 피어올랐다. 백성의 풍요를 대변해주는 광경이었다. 인고의 생활이 열매를 맺은 셈이다. 하지만 그렇다고 해서 그는 예전에 취한 면세 조치를 곧바로 철회하려 하지 않았다. 3년 동안 고생하던 궁궐 사람들은 이러한 천황의 태도에 불만을 토로하기도 하였는데, 가장 가까운 불만자는 다름아닌 부인이었다. 연기가 피어오르는 굴뚝을 보면서 천황은 자기 부인에게 "나는 이미 부유해졌소. 이 정도라면 염려가 없겠습니다"라고 만족스럽게 얘기한다. 그러자 부인은 "아니 어째서 부유해졌다고 말하는 건가요? 궁궐의 담벼락은 무너진 채 그대로 있고, 궁전은 부서져서 비바람에 옷이 다 젖는 판이 아닙니까? 이게 어찌 부유해진 겁니까?"라고 냉랭하게 대꾸한다.

아주 쌀쌀맞은 대답이다. 그나마 역사책에는 이 정도로 점잖게 기록되어 있지만, 아마도 천황 부인은 산다 못 산다 아우성이었을 것이다. 실제로 부인은 대단히 질투심이 많은 여자여서, 궁녀들이 그 부인을 두려워해 천황에게 가까이 갈 수 없었다. 야박한 데다가 질투심 많은 부인은 자기가 잠깐 지방에 갔다 온 사이에 후궁이 들어온 사실을 알고는, 화를 이기지 못해 궁궐에도 들어가지 않고 5년 간을 고향 근처에서 떠돌다가 결국 객사하는 운명을 맞는다. 독한 성격의 여자였음에 분명하다. '적은 내부에 있다'는 말도 있듯이, 만일 그가 부인의 등쌀에 굴복했으면 그의 명성은 그리 높지 못했을 것이다. 그러나 천황은 단호했다.

"하늘이 군주를 세운 것은 백성을 위함이요, 백성이 근본인 것입니다. 그래서 옛 성왕(聖王)은 단 한 사람의 백성이라도 굶주림이나 추위 때문에 고통을 받으면 자신을 질책했던 것입니다. 백성이 가난하면 자기가 가난한 것과 매한가지입니다. 또한 백성이 부유해지면 자신이 부유해진 것과 마찬가집니다. 백성이 풍요로운데 군주가 가난할 수 있겠습니까!"

훌륭한 군주의 모습이 아닐 수 없다. 3년이 지날 무렵, 백성들도 자발적으로 세금을 내겠다고 나섰다. 길가에 떨어진 것을 줍는 자가 없을 정도로 풍요로워졌기 때문이다. 그러나 천황은 주위의 불만과 백성들의 간청을 물리치고 3년을 연장해서 일체의 세금을 걷지 않았다. 그리고 6년째가 됐을 때 비로소 과세를 명한다. 그의 덕치에 감격한 백성들은 재촉하는 자가 없어도 세금을 바치고, 손에 손을 잡고 궁궐을 단장하는 데 나선다. 태평성대의 소리가 전국 각지에서 울려 퍼졌음은 물론이다. 그의 바람대로 온 백성들이 자신의 덕을 칭송해 마지않았고, 집집마다 기쁨의 노랫소리가 높이 울려 퍼진 것이다.

이 때문에 일본의 고대와 중세 역사책은 그의 시대를 일컬어

'성스런 세상'이라 하였고, 그를 가리켜 '성스런 제왕'이라 하였으며, 그의 통치를 가리켜 '드물게 보는 훌륭한 정치'라 하였다. 또한 그가 죽은 뒤에 어질고 높은 덕을 기리기 위해서 '닌토쿠(仁德)'이라 이름한다. 마음씨 고운 사람의 덕은 누구의 덕이든지 칭송받아 마땅하다. 그러나 천황가의 역사에서 이만한 천황은 두 번 다시 등장하지 않는 것 같다.

1895년 메이지시대의 어느 학자도 일본의 옛날 역사책을 읽다가 닌토쿠 천황 부분에 이르러 "마치 가시밭길을 나와서 꽃밭에 들어선 것 같다"는 감상을 기록한다. 이 학자도 염증을 느낄 수밖에 없는 천황가의 역사에서 그나마 닌토쿠 천황을 보고 나서야 겨우 위안을 얻은 것이다.

우리는 이집트의 통치자인 파라오가 묻혔던 피라미드와 중국 진시황제의 무덤을 보고 그 크기에 놀란다. 그래서 보통 피라미드나 진시황제의 무덤이 세계에서 가장 큰 무덤이라고 생각하기 쉬우나, 사실 피라미드나 진시황제의 무덤 못지않게 이 닌토쿠 천황의 무덤 또한 세계적인 크기를 자랑한다. 총면적 153만 제곱미터, 길이가 무려 480미터이고, 능의 앞부분 폭이 305미터, 높이 33미터이며, 능의 뒷부분 반경이 245미터, 높이 35미터로 먼 바다에서도 보일 정도라고 한다. 무덤이라기보다는 하나의 산에 가깝다. 이집트의 피라미드는 닌토쿠 천황의 무덤 속에 쏙 들어가 버리고 만다. 이를 만들려면 하루 천 명을 동원했을 경우, 4년이 소요됐을 것으로 추산된다.

일반적으로 거대한 무덤은 전제군주들의 전유물이다. 그러나 비바람이 드나드는 궁궐도, 별이 보이는 지붕 패인 궁전도 마다

세계적인 크기를 자랑하는 닌토쿠 천황의 고분. 피라미드와 진시황제의 무덤에 비견될 만큼 어마어마한 규모이다.

하지 않은 천황이었던 터라, 과연 이 거대한 무덤이 강제노역을 통해서 만들어진 것인지에 대해서는 독자들의 상상에 맡길 수밖에 없는 노릇이다.

이 천황에 대한 얘기는 두고두고 후세까지 전해진다. 그리고 그의 명성과 덕치의 예를 이용하려는 첫 시도가 122대 메이지(明治) 천황 때 일어난다. 메이지 천황은 1192년부터 7백 년 가까이 사무라이가 통치하던 막부시대가 막을 내리면서 1868년에 즉위한 천황이다. 이전까지는 사무라이가 권력을 장악하고 있었지만, 메이지 천황 이후부터는 천황이 직접 정치의 전면에 등장하게 된다. 이렇게 도자 메이지 정부는 사무라이가 통치하는 정치보다 천황이 다스리는 정치가 더 좋다고 선전할 필요가 있었다. 그래서 1868년 메이지유신 내란기에 세금을 반으로 깎겠다는 약속을 하였다. 국민의 신뢰를 획득해서 천황제의 기초를 굳건하게 만들기 위한 조치였으나, 메이지 정부는 이 약속을 저버린다. 정치적 필요에 따른 거짓 공약이었기 때문이다. 이처럼 메이지 천황의 덕은 닌토쿠 천황의 발꿈치에도 못 미치는 것이었다.

메이지 천황이 닌토쿠 천황의 선례를 따르고자 취한 조치는 이것만이 아니었다. 1880년까지도 천황이 임시 거처를 사용하고 있어 정부 내에서는 천황의 임시 거처가 너무 비좁고 허름하기 때문에 새로운 궁궐을 짓자는 논의가 제기되었는데, 이때 메이지 천황은 허물어진 궁궐을 고치지도 않고 백성들을 부유하게 만들었던 닌토쿠 천황을 떠올렸다고 한다. 게다가 궁궐을 신축하는 데는 엄청난 돈이 소요되니, 당시의 곤란한 재정난을 감안한다면 궁궐 신축은 엄두도 낼 수가 없었다. 그래서 메이지 천황은 이 제안을 거두도록 한다. 모두가 닌토쿠 천황의 전례를 본받기 위해서였다. 결국 궁궐 신축 계획은 연기되었다.

어쨌든 이는 허명보다는 내실을 찾는 현명한 결정이었다. 단 한 사람의 어질고 높은 덕은 이렇게 오랜 세월이 흐른 뒤에도 그 향기를 발하는 것이다. 그런데 비슷한 시기 조선에서도 궁궐 재건 문제가 대두되었다. 임진왜란 때 경복궁이 불에 탔으나 곤궁한 국가 재정 때문에 손을 대지 못하고 있었는데, 1865년(고종 2년) 실권을 장악한 대원군은 왕실의 위엄을 높이기 위해서 곤란한 재정 상태를 무릅써가며 경복궁 재건에 착수하여 2년 후에 준공한 것이다. 그러나 근정전, 경회루, 광화문 등을 포함한 대규모 경복궁 재건은 많은 것을 잃어버리는 결과를 초래한다. 백성의 원성은 물론이요, 경제적인 혼란까지 야기했던 것이다. 이것이 곧바로 조선의 운명을 결정하지는 않았지만, 비슷한 시기에 한·일 양국 실력자들이 내린 전혀 다른 결정은 음미할 만한 여운을 남기고 있다.

3장
벼랑 끝에 선 왕권

흔들리는 궁궐

친족! 세상에서 친족처럼 시끄러운 종족이 없다. 되느니 안 되느니, 이래야 되느니 저래야 되느니 여간 시끄러운 게 아니다. 외척세력! 이 또한 세상없이 시끄러운 족속들이다. 한국사 시간에 우리들의 마음을 어둡게 만들었던 것도 바로 이 외척세력들이다. 왕후의 아버지, 오빠, 동생 심지어는 사촌까지 끼여들어 왕권을 업신여기고 때로는 능멸하면서 정권을 농간질하는 작태는 개운치 않은 맛을 남긴다.

이들은 신하의 예를 다하겠다고 '충(忠)'을 맹세해놓고는 그 신의를 저버리고 '불충(不忠)'을 범하였다. 고려시대의 인주 이씨나 안산 김씨·해주 최씨·경주 김씨, 조선시대의 풍양 조씨·안동 김씨 등의 외척세력이 대표적인 사례. 한 번 잡은 세도는 반드시 휘둘러야만 맛이었는지. 한줌밖에 안 되는 권문세가들이 역사의 물을 흐리며 이리저리 돌려가면서 세도를 휘둘러댔다. 왕권의 강약과 외척세력의 강약이 적지 않게 관련이 있음은 부인키

어려우니, 궁궐은 이에 따라 반석 위에 앉듯이 강고하기도 하고, 파도 위를 떠다니듯이 흔들리기도 한다.

천황가의 역사 속에도 외척세력이 있고, 왕권을 좌지우지했던 신하도 있다. 신하를 잘못 만난 천황이 죽임을 당하는 것은 앞에서 본 그대로다. 시대가 지나면서 신하들의 권세는 천황을 능가하고, 이에 비례하여 권좌에서 쫓겨나는 천황, 물에 빠져 죽는 천황 등 이들이 당하는 수모도 점점 더 심해진다. 그토록 '위대' 하다는 천조대신의 후예들도 궁궐을 흔들어댄 세력 때문에 속앓이를 하지 않을 수 없었던 것이다.

물론 초장부터 그랬던 것은 아니다. 왕권을 둘러싸고 서로 치고 받고 하던 왕자의 난 때에도 그 중심에는 항상 천황의 자식들이 있었다. 전란에 동원된 신하나 무사들은 단지 왕자의 뒤를 따랐을 뿐이다. 따라서 그 난리 북새통이 막을 내릴 때쯤 권력의 정점에는 천황이 있었다. 이처럼 왕권이 흔들림 없이 반석 위에 올라서 있던 것은 궁궐이 병마(兵馬)의 대권을 쥐고 있었기 때문이다.

특히 646년에 있었던 정치적인 대변혁 다이카 개신(大化改新)을 통해서 천황이 전국의 무기를 몰수하고, 모든 토지와 백성은 천황의 것이라고 선언함으로써 천황의 전국 지배가 비로소 성립된다. 초기의 천황가는 친히 다스리기도 하고(親政) 손수 전쟁터에 나서기도 하면서(親征), 병마와 식량을 움직이는 이른바 '천하의 대권'을 송두리째 장악한다. 군사와 정치에 대한 대권을 장악하고 있으니 감히 이를 넘보거나 업신여기는 세력이 궁중 내에 있을 턱이 없다. 이때까지는 일본의 궁궐도 흔들림이 없었다. 그러나 천황가는 다른 사람도 아닌 바로 일본인에 의해서 어긋나기 시작한다. 무엇 때문이었을까?

일본에는 섭정(攝政)이니 관백(關白)이니 하는 벼슬자리가 있었는데, 섭정이란 천황이 어리거나 여자인 경우 이를 보좌해서 천황 대신 통치권을 총괄하는 자를 일컫는다. 123대 다이쇼(大正) 천황 때 그가 병석에 있던 관계로 아들인 히로히토(124대 쇼와〔昭和〕 천황)가 1921년부터 섭정의 자리에 앉은 사례가 있다. 이 섭정의 자리는 원래 황족이 앉는 것으로 되어 있고, 그 권능은 천황에 맞먹었다고 한다. 한편 관백은 상소문이나 기타 문서를 천황보다 먼저 살펴본 뒤에 이를 토대로 천황을 보좌하면서 정무를 도와주는 벼슬자리이다. 관백의 자리에 올랐던 인물로는 우리에게도 잘 알려져 있는 도요토미 히데요시가 있다.

보통 천황이 어린 경우에는 섭정이 정무를 담당하고, 천황이 성인이 되면 관백이 정무를 도와준다. 그러니 섭정과 관백이 동시에 있을 수는 없고, 대부분은 섭정을 하던 자가 나중에 관백이 되어서 천황의 정무를 보좌하게 된다. 한마디로 섭정이나 관백은 천황에 버금가는 '일인지하 만인지상'의 벼슬자리였다.

이처럼 섭정이란 벼슬은 천황의 권능에 맞먹는 자리였고 관백 또한 그에 못지않은 자리였으니, 검은 마음만 있다면 국사를 농락하는 것은 그리 어려운 일이 아니었을 것이다. 그러니 당초 그런 벼슬자리를 만들 때부터 환란의 씨앗은 이미 싹트고 있었는지도 모른다. 모름지기 세상의 모든 권력은 절대적으로 부패하기 때문이다. 일본에서도 바로 그런 자리에 황족이 아닌 신하가 앉게 되면서부터 사건이 터지기 시작한다.

소가 씨를 멸망시키고 다이카 개신을 주도한 후지와라 가마타리(藤原鎌足)의 초상. 후지와라 씨는 가마타리를 기점으로 조정에서 세력을 갖기 시작했다.

이와 같은 막중한 벼슬자리를 독점한 집안은 후지와라(藤原) 씨였다. 한국의 문중에 이런저런 파가 있는 것과 마찬가지로 후지와라 씨 가운데도 여러 파가 있다. 그 중에서 섭정과 관백의 자리를 독점했던 집안은 후지와라 요시후사(藤原良房)에서 비롯되는 북가(北家)라는 집안이었는데, 이들 가문이 요직을 독식하게 되는 발단은 858년으로 거슬러 올라간다.

당시 천황은 56대 세이와(淸和) 천황으로, 즉위했을 때 불과 아홉 살의 어린 소년이었다. 국사에 대해서 알 턱이 없던지라 보좌해줄 섭정이 필요했다. 예전 같으면 황실 내의 누군가가 섭정으로서 어린 천황을 보좌했을 터인데, 막상 섭정의 자리에 처음 오른 자는 후지와라 요시후사란 신하였다.

물론 그가 어느 날 갑자기 돌발적인 인사발령에 따라 섭정의 권좌에 오른 것은 아니었다. 그는 어린 천황의 외할아버지라는 후광도 있었지만, 전 천황의 장인이기도 해서 이미 영의정에 해당하는 고관대작인 태정대신(太政大臣)의 벼슬아치였다. 일인지하 만인지상의 몸으로서 마음 내키는 대로 국사를 요리할 수 있는 자리에 앉아 있던 셈이다. 그러나 그는 겸양의 덕을 갖춘 자여서 궁궐을 흔들어대지는 않았다. 어린 천황이 나이가 들자 섭정의 자리에서 조용히 물러난 것도 신하의 예를 잊지 않았기 때문이다. 그러나 어찌 됐든 이때부터 천황의 외척세력이 권력을 휘두르게 되었다.

56대 세이와 천황의 뒤를 이어 877년에 즉위한 57대 천황은 그의 큰아들인 요우제이(陽成)인데, 그 역시 불과 아홉 살의 어린 나이였다. 그의 즉위와 동시에 섭정이 된 사람은 전 섭정의 양자인 후지와라 모토쯔네(藤原基經)였다. 묘하게도 2대에 걸쳐서 어린 천황이 즉위한 것이며, 동시에 2대에 걸쳐서 후지와라 씨가 섭정의 권좌에 오른 것이다.

그런데 이 요우제이 천황이 골칫거리였다. 이 천황은 부레쯔 천황 뺨칠 정도로 악독한 군주였다. 아홉 살에 즉위해서 열여섯 살까지 불과 8년 동안 오죽 해괴하고 미친 짓을 다 저질렀으면 "무슨 괴물에 씌었다"고 할 정도였을까. 섭정은 고민 끝에 모든 신하를 모아놓고 회의를 열었고, 결국 884년 요우제이 천황은 섭정의 손에 의해서 쫓겨나고 만다. 천황이 신하에 의해서 쫓겨나는 사건은 이것이 처음이다. 그나마 못된 군주의 추방이니, 황실 안팎에서 반대하는 자도 없었다. 그러나 신하에 의해 천황이 추방된 만큼, 이는 천황의 역사에서 중대한 사건임에는 분명하다. 나쁜 짓을 많이 하면 오래 산다고 했던가, 이 못된 천황은 81세까지 장수한 뒤에 죽는다.

천황을 추방했으니 후임 천황을 물색하는 것이 중요한 일로 부각되었다. 그런데 황실의 어른들도 많이 있었을 텐데, 후임자 선임 과정에서 결정적인 역할을 하는 사람은 황실의 그 누구도 아닌 일개 신하인 섭정이었다. 섭정이 낙점한 사람은 55세나 되는 고코(光孝) 천황(58대)이었다. 섭정의 권세는 그야말로 천황의 추방을 결정하고, 후임 천황을 옹립할 정도였던 셈이다. '천하의 실권'이 후지와라 씨의 손아귀에 다 들어 있다고 했던 것은 이 때문이었다. 이후로 후지와라 씨의 권세는 날로 번성해지며, 어느 누구도 섭정이나 관백의 자리를 넘보지 못하게 된다.

고코 천황은 늦은 나이에 섭정의 낙점을 받고 창졸간에 등극한 탓인지, 시름시름 앓다가 즉위한 지 3년 만에 죽고 만다. 후지와라 씨의 위세는 이때도 나타난다. 병석에 누운 천황도 황당하지만, 그를 낙점한 섭정도 황당할 수밖에 없다. 천황을 추방하고 간신히 후임자를 물색해서 천황의 자리에 앉혀놓았더니, 3년 만에 사경을 헤매는 것이 아닌가. 후지와라는 병석에 누워 있는 천황에게 조용히 여쭈어보았다.

"어느 분에게 천황 자리를 물려주실 생각이십니까?"

천황의 대답은 이러했다.

"그렇지 않아도 그 문제에 대해서 그대와 상의하고 싶었소만, 오로지 그대의 생각에 달려 있을 뿐이오."

이 정도 대답이라면 후임 천황을 정하는 결정권이 신하인 후지와라 씨에게 송두리째 넘어간 것이나 다름없다. 이런 일은 예전에는 없던 일이었다. 이는 후지와라 씨에 대한 두터운 신임과 그의 권세 때문이리라. 어쨌든 후지와라는 천황의 아들들을 이리저리 관찰해본 끝에 인품이 제일 훌륭해 보이는 셋째 아들을 지명한다.

병석에 있던 고코 천황은 후지와라가 지명한 셋째 아들을 불러오더니 왼손은 후지와라의 손을 잡고 오른손은 아들의 손을 꼭 잡은 채, 눈물을 흘리면서 아들에게 한마디를 남긴다.

"후지와라의 은덕은 헤아릴 길 없을 만큼 깊으니, 이를 가슴속에 깊이 새겨두거라."

후계자가 될 아들을 앞에 두고 지존인 천황이 일개 신하에 대한 '은덕'을 들먹이고 있으니 뭔가 거꾸로 된 것이 아닌가. 천황과 후지와라의 관계가 이 정도라면, '천하의 실권'은 후지와라의 손아귀에 다 들어갔다 해도 무방할 것이다. 이 셋째 아들이 887년에 즉위하는 스물한 살의 59대 우다(宇多) 천황이다.

스물한 살이라면 나름대로 패기충천할 젊은 나이이자 충분히 야망을 불태울 수 있는 나이였다. 그러나 이 천황은 야망은커녕 천하를 호령할 수 있는 대권을 스스로 발로 차고 만다. 물론 후지와라 씨의 간섭이 이만저만 아니었던 탓도 있었을 것이다. 우다 천황은 즉위식에 즈음해서 후지와라 씨를 관백이 아닌 실권이 없는 벼슬자리로 임명한다는 문서를 발표했다가 후지와라 씨가 불만을 토로하는 바람에 결국 발표문을 취소해야 하는 곤경에 빠진 적도 있었다.

이런저런 사정 탓이었는지 천황은 후지와라를 만날 때마다 "나는 제왕의 그릇이 못 되니, 빨리 자리에서 물러나고 싶다"고 졸라댔다. 후지와라도 골치 아플 수밖에 없었다. 직접 지명한 젊은 천황이 이 모양이니 사람 보는 자기 눈에 문제가 있는 셈이 된다. 그래서 후지와라는 도저히 그럴 수 없다고 극구 만류하고 달랬지만, 천황도 요지부동이다. 밀고 당기는 촌극이 몇 차례 반복된 끝에 천황이 절충안을 제시한다.

"정 그러시다면, 천황의 자리에는 내가 앉아 있겠소. 대신 모든 정치는 그대가 맡아서 해주시오."

천하를 두 발로 밟고 뛰어다니던 후지와라에게 날개가 달리는 순간이다. 천황이 스스로 걷어차버린 천하의 대권은 이런 과정을 거쳐 신하의 수중으로 들어갔다. 스스로 지키지 못한 집안이 기울어가는 것은 어쩔 수 없는 일이다.

이처럼 후지와라 씨는 9세기 무렵부터 섭정이나 관백이 되어 조정을 지배하기 시작한다. 특히 후지와라 모토쓰네 이후 후지와라 가문의 권능은 하늘 높은 줄 모르고 치솟기만 한다. 후지와라 씨가 아니면 벼슬자리 하나 얻을 수 없을 정도였고, 이들이 독식하는 섭정이나 관백 자리는 어느 사이엔가 세습처럼 되고 간다.

섭정·관백 자리를 독식하게 된 후지와라 가문은 그들의 딸을 천황의 처첩으로 들여보냈고, 딸이 낳은 손자를 차기 천황으로 만들었으며, 천황의 외조부로서 천황의 권위를 나눠 가졌다. 아닌게아니라 천황가의 족보를 보면 재미있는 현상을 목격할 수 있다. 후지와라 씨가 처음으로 섭정의 자리에 올랐던 56대 세이와 천황의 어머니부터 57대 요우제이 천황, 58대 고코 천황, 그리고 60대 다이고(醍醐) 천황 이후 무사정권이 들어서는 1192년에 이르기까지 천황의 어머니가 후지와라 씨의 딸이 아닌 경우가 거의 없을 정도다. 후지와라 씨의 권세에 비례해서 이들의 정략결혼도 극에 달했다고 보면 된다. 이렇게 되다 보니 대부분의 천황은 후지와라 씨의 손자가 될 수밖에 없고, 기고만장한 외척세력이 궁궐을 흔들어대는 것은 시간 문제일 따름이었다.

'천하의 실권'을 장악한 후지와라 씨의 정치는 9세기 무렵부터 11세기 말까지 2백 년 이상이나 지속되었다. 신하의 권세가 하늘을 찌를 듯하니, 반대로 천황의 권세는 땅속을 기는 듯할 수밖에 없다. 심지어 후지와라 씨는 멀쩡한 천황을 물러나게 한 뒤 나이 어린 천황을 그 자리에 앉게 만든 후, 나이 어린 천황도 성인이 되면 상황이란 이름의 허울 좋은 자리로 물러앉게 하였다.

실제로 63대 천황(冷泉)은 18세에 즉위해서 20세가 됐을 때 자리에서 물러났는데, 그 후에도 40여 년을 더 살았으니 물러날 이

3장 벼랑 끝에 선 왕권 | 101

유가 달리 있을 턱이 없었다. 그나마 뒤를 이어 64대 천황(圓融)이 된 그의 동생은 11세의 어린 나이였으니, 더더욱 자연스런 일은 아니다. 64대 천황도 26세의 한창 나이에 자리에서 물러난다. 몸이 허약한 탓도 있었지만, 그래도 그는 33세까지 살다가 죽는다. 65대 천황(花山) 역시 17세에 즉위해서 2년 만에 자리에서 물러났는데, 그의 뒤를 이은 66대 천황(一條)은 겨우 7세의 어린 나이였다. 한마디로 천황은 허리를 제대로 펴서 정치를 맡아보기도 전에 자리에서 물러나야 했던 셈이다. 오죽이나 후지와라 씨의 횡포가 심했으면, "천황 바꾸기를 마치 바둑판에 바둑알을 바꿔 두는 것처럼 간단히 생각했다"고 했을까.

특히 63대 천황 이후 70대 천황에 이르는 1백 년 간(967~1068)은 외척인 후지와라 씨가 권력을 제멋대로 휘두른 시대였다. 천황의 목이 외척세력의 입술 끝에 달려 있었으니, 천황이란 이름은 빛 좋은 개살구일 뿐 실권은 황실을 떠나 있었던 셈이다. 궁궐이 흔들리다 못해 요동쳤던 것이다. 천황은 권력의 정점에서 서서히 멀어져갔고, 왕권도 서서히 허물어지기 시작하였다. 그래도 그때까지 궁궐은 무너지지 않았다. 왜 그랬을까?

추락한 용

 후지와라 씨 가문은 2백 년이 넘는 기간 동안 권세를 누렸다. 웬만한 왕조는 자리를 잡았다가 멸망할 수도 있는 긴 시간이다. 그러나 일본의 궁궐은 흔들릴 대로 흔들리고 요동칠 대로 요동치긴 했지만, 산산조각 나지는 않았다. 왜 그랬을까?
 그 이유는 후지와라 씨는 관료였을 뿐, 병마를 다룰 줄 아는 전투집단이 아니었기 때문이다. 그들은 궁궐이 있어야 그나마 살아남을 수 있는 존재들이었다. 따라서 후지와라 씨는 궁궐을 흔들어댈 수는 있을지언정, 무너뜨릴 수는 없었던 것이다. 마치 선장과 선원의 관계처럼 말이다. 그러나 이 모두를 삼켜버릴 커다란 해일이 조금씩 다가오고 있었다. 더군다나 이 해일을 부른 사람은 바로 궁궐 안에 있었다.
 2백 년이 넘는 세월 동안, 후지와라 씨가 온갖 부귀와 영화를 다 누리고 있었으니, 여기서 소외당한 귀족들의 반감도 반감이려니와, 천황가 일족의 반감도 태풍의 눈처럼 잠복해 있었다. 그러나 천황은 후지와라 씨에게 전권을 위임하고 있었기 때문에, 천황의 지위에 있으면서 후지와라 씨를 억제하는 것은 불가능했다. 게다가 후지와라 씨인 섭정과 관백은 천황들의 외할아버지이기도 했다. 이런 정서적인 끈이 끊어지지 않는 한, 천황의 홀로서기는 힘들 것이었다. 그러나 11세기 말부터 흔들리는 궁궐을 세우기 위한 본격적이고 조직적인 반격이 개시된다.

그 반격은 71대 천황(後三條)이 즉위한 1068년부터 시작되었다. 그 전 70대 천황(後冷泉)은 어머니가 후지와라 씨였기 때문에 외척의 입김에서 자유로울 수가 없었다. 그런데 행인지 불행인지 70대 천황은 자식을 낳지 못한 채 죽고 말았다. 후지와라 씨는 자신의 딸을 궁궐로 들여보내면서까지 손자 천황을 보려고 백방으로 애썼지만 실패하고 만다. 정략결혼이 허사로 돌아가는 순간이었다. 그리하여 70대 천황의 동생이 왕위에 오른다. 그러나 형과 달리 그의 어머니는 후지와라 씨가 아니었다. 여기에 이르러서 외척 후지와라 씨 세력은 위기를 맞게 된다.

이후 71대 천황은 직접 통치를 실시하면서 후지와라 씨 소유의 영지를 몰수하는 등 그들의 영향력을 줄여나가려고 시도하였고, 이를 기회로 반(反)후지와라 세력도 천황 밑으로 결집했다. 그러나 천황의 모든 결정은 후지와라 씨로 구성된 대신들의 동의를 얻지 않으면 안 되었기 때문에 천황의 뜻이 제대로 이루어질 리 만무했다.

이는 72대 천황(白河) 때에도 마찬가지였다. 하지만 72대 천황도 후지와라 씨와는 무관한 혈통이었으므로 후지와라 씨를 꺼릴 필요가 없었다. 특히 72대 천황은 자신의 주변에 반(反)후지와라 귀족을 결집시키고, 이에 대항하는 정치를 개시하는 데 성공한다. 그는 천황의 자리에서 물러나 상황의 자리에 있으면서 천황을 조종하는 '원정(院政)'이라는 독자적인 정치를 펼친다. 은퇴한 천황이 본격적으로 정치에 손을 대는 것은 이때가 처음이다. 후지와라 씨는 여전히 섭정이나 관백의 자리에 있었지만 예전 같은 권력을 갖지는 못했다. 권력의 중심이 천황에서 후지와라 씨에게로 갔다가, 원정을 펼치는 상황으로 옮겨 간 것이다.

상황은 후지와라 씨가 소유한 땅을 위법이라는 이유로 몰수하고, 그 일부를 자기 소유로 만들어버린다. 후지와라 씨가 맹렬히 반발한 것은 당연한 일이었다. 이렇게 해서 이들간의 대립은 격화되어간다. 말해도 3대까지 간다는 말이 있듯이, 후지와라 씨는 외척세력으로서의 입김은 줄어들었지만 그 동안 쌓아올린 위세나 파워가 창졸간에 사라진 것은 아니었다. 공격이 강할수록 방어도 강해지는 법이다.

만만치 않은 후지와라 씨를 억압하기 위해서는 상황에게도 힘이 필요했다. 상황이 비빌 언덕은 나약한 귀족보다는 억센 무사집단이었다. 상황이 당시 대표적인 무사가문이었던 미나모토(源) 씨와 타이라(平) 씨의 무사단을 독자적인 무력으로 조직한 것은 그 때문이었다. 상황과 후지와라 씨의 대결이 무력항쟁으로 치닫게 되면서, 후지와라 씨는 후지와라 씨대로 이들 무사가문에 기대지 않을 수 없게 된다. 한때는 '천황의 군대'였던 무사들이 혼란기로 접어들면서 '개인의 군대'로 변해간 것이다.

문제는 바로 여기에 있었다. 무사가문은 결코 고분고분하지 않을 뿐만 아니라 호락호락하지도 않은 집단이었다. 때문에 상황과 후지와라 씨가 그들 나름대로의 그림을 그리고 있었다면, 무사가문 역시 나름대로 자기 그림을 따로 그리고 있었다. 같은 마룻바닥에서 잠을 자면서 다른 꿈을 꾼다는 '동상이몽'은 바로 이를 두고 일컫는 말이다. 이 무사세력은 머지않아 궁궐을 삼키는 해일로 변해간다.

상황과 후지와라 씨 양자를 중심으로 한 초기 대결구도는 그나마 간단했으나, 이런 대결구도는 점점 복잡해지기 시작한다. 천황의 후계를 둘러싸고 상황과 상황이 다투기 시작하고 동시에 후지와라 가문 안에서도 관백 자리를 둘러싸고 후지와라 형제간에 다툼이 시작된다. 그리고 이처럼 이해가 엇갈리다 보니, 한때 원수였던 상황과 후지와라 씨가 동맹을 맺기에 이른다. 그래서 한쪽 상황과 후지와라 씨가 손을 잡고, 다른 쪽 상황과 후지와라 씨가 손을 잡아 다투기 시작한다. 게다가 이 싸움판에 예전에 없던 제3의 무사세력인 미나모토 씨와 타이라 씨가 끼여든다.

이들은 반대편에 서서 싸움을 하고는 있지만, 사실은 서로 아주 가까운 부자지간이거나 형제지간, 아니면 친척관계에 있었다. 이런 판국이니 1156년에는 도대체 뭐가 뭔지 모르는 복잡한 내란(보원[保元]의 난)으로 치닫게 된다. 궁궐은 이미 이것만으로도 흔들리다 못해 박살이 날 지경이다.

이 내란의 승패는 불과 하루 만에 갈렸지만, 내란의 끝은 처절했다. 패배한 상황은 승자인 동생 천황에 의해서 변방으로 유배를 당하고, 나머지 후지와라 씨나 미나모토 씨·타이라 씨 또한 형제나 자식의 손에 의해서 죽임을 당했다. 공신들, 특히 무사가문들은 그들 나름대로 갈등의 골이 깊어져 있었다. 이 싸움판에

헤이지(平治)의 난(1159년). 이 난을 기점으로 하여 미나모토 씨가 쇠퇴하고 타이라 씨가 득세하게 된다.

서 공을 세운 타이라 씨와 미나모토 씨 중에서 타이라 씨단 중용되어 세력을 떨치자 미나모토 씨가 불만을 품은 것이다. 결국 이 불만이 폭발하면서 미나모토 씨가 천황과 상황을 가두어버리는 쿠데타를 일으킨다. 황실 체면이 말이 아니다. 그러나 이 쿠데타는 타이라 씨에 의해서 진압된다.

피로 피를 씻는 이런 두 번의 내란을 거치면서 1160년 타이라 기요모리(平淸盛)를 수령으로 하는 타이라 씨 무사단이 미나모토 씨를 제압하고 권력을 장악하기에 이른다. 내란의 모든 과실은 승리를 이끈 무사단의 손에 돌아가고, 천황가와 후지와라 씨는 아무것도 손에 넣지 못한 채 오히려 몰락의 길을 걷고 만다. 내전에서 승리한 타이라 씨는 과거에 후지와라 씨가 했던 방식을 흉내 내면서, 그와 똑같은 방식으로 권력의 중심부로 다가가기 시작한다.

먼저 타이라 기요모리가 영의정에 해당하는 태정대신이 되고 타이라 씨 일족이 조정의 고위관직 대부분을 독점하면서, 이들의 권세나 재산도 엄청나게 늘어간다. 타이라 기요모리는 여기서 한 발 더 나아가, 자신의 딸을 80대 천황(高倉)의 부인으로 만들고, 딸이 사내아이를 낳자 곧바로 사위인 천황을 상황으로 퇴위시켜 버린다. 그리고 당시 3세에 지나지 않던 어린 외손자를 천황으로 즉위시키니, 이가 바로 81대 안토쿠(安德) 천황이다. 이 어린 천황은 훗날 비극적인 죽음을 맞이하지만, 어쨌든 이렇게 해서 '타이라 씨 천하'가 그 막을 올린다.

우습지 않게도 천황가의 궁궐은 늑대(후지와라 씨)를 내쫓으려다 호랑이(타이라 씨)를 불러들이고 만 셈이 되었다. 타이라 씨 가문의 횡포를 원망하는 소리가 궁궐이나 거리 할 것 없이 흘러 넘쳤다. "타이라 씨가 아니면 사람 자격도 없다"는 말이 나올 정도였다. 타이라 기요모리는 세간의 이런 불평불만을 참지 않았다. 그는 아예 3백 명의 어린 동자들을 수도와 지방 각지에 풀어 놓고 타이라 씨를 비난하는 자들을 감시했다. 그리고 그런 자가 걸리면 가차없이 형을 가하였다. 공포정치가 횡행한 것이다. 그러니 교토에서는 어린 동자만 지나가도 제대로 쳐다볼 수가 없을 정도였다. 민심이 흉흉해지는 것은 당연한 일이었다.

그리하여 1180년부터 교토의 정세는 불안해지기 시작했고, 각지에서 타이라 씨를 타도하기 위한 궐기가 일어나고 있다는 소식

바다 속에 몸을 던지는 여덟 살의 어린 안토쿠 천황. 어린 천황을 품에 안고 있는 여인은 타이라 기요모리의 처이고, 밑에 있는 여인은 천황의 생모이다.

이 속속 전해져왔다. 상황이 이렇게 되자 타이라 기요모리는 아예 교토를 피해서 세 살 난 어린 천황을 품에 안고 고베(神戶)로 근거지를 옮겨버린다. 그러나 1183년 반대세력이 교토를 장악하기에 이르자, 타이라 씨 일파는 어린 천황을 데리고 다시 시모노세키까지 멀리 피신해 가고, 이 틈을 타서 교토에서는 82대 천황(後鳥羽)이 새로 즉위한다. 동서로 두 명의 천황이 동시에 들어선 셈이다. 그러나 이름만 천황일 뿐 둘 다 허수아비나 마찬가지였다.

가마쿠라 막부를 창설한 미나모토 요리토모의 초상. 요리토모는 타이라 씨를 멸망시킨 후 정이대장군(征夷大將軍)이 되어 일본 최초의 무사정권인 막부를 설치하였다.

어린 천황을 데리고 시모노세키로 피신한 타이라 씨 일족을 미나모토 씨는 그냥 놔두지 않았다. 미나모토 씨는 타이라 씨 가문의 전멸을 기도한다. 여기서 양대 가문간에 마지막 해상전이 펼쳐지는데, 결국 이 전투에서 타이라 씨는 몰살을 당하며, 여덟 살 난 어린 천황은 외할머니 등과 함께 바다 속에 몸을 던지고 만다. 길다면 길고, 짧다면 짧은 20여 년에 걸친 '타이라 씨 천하'는 이렇게 해서 막을 내린다. 추락하는 천황가를 상징하듯, 어린 천황도 3월의 차가운 바다 속에서 그렇게 죽어갔던 것이다.

이 싸움을 기점으로 1192년 미나모토 요리토모(源賴朝)에 의해 무사정권인 가마쿠라(鎌倉) 막부가 열리게 되는데, 그 다음부터 천황가는 아주 오랫동안 역사의 뒷전에서 숨을 죽이고 있어야 했다. 그 후 천황가는 대외적으로도 일본을 대표하지 못한다. 1273년과 그 후 수차례에 걸쳐 중국의 원나라 사자가 일본의 복속을 요구하며 일본 땅을 밟은 적이 있었는데, 그때도 원나라 사자의 교섭 상대는 막부였으며 천황과는 아무런 관계가 없었다. 1274년과 1281년, 두 차례에 걸친 몽고의 일본 내습을 격퇴한 것도 사무라이 정권이었다.

이때 천황이 할 수 있었던 일은 오직 부처님이나 신을 향해서 기도를 드리는 것밖에 없었다. 천황가는 아무것도 하지 못했으며, 또한 어떤 일을 할 수 있을 만한 능력도 없었다. 훗날 일본인들도 몽고의 공격으로부터 일본을 지켜준 것은 가미카제(神風)라고 할 뿐, 천황의 덕을 입에 올리지는 않았다.

거대한 해일이 궁궐을 삼키고, 이 때문에 권좌에서 밀려난 천황가는 완전히 추락한 것이다.

나도 왕이로소이다!

"왕후장상의 씨가 따로 있나!"

왕이 될 사람, 귀족이나 재상·장수가 될 사람이 따로 있지 않다는 말이다. 당연한 말이다. 이 말은 주로 왕조를 타도하고 새로운 왕조를 세울 때나 신분해방을 외칠 때 나온 슬로건이다. 1198년 고려시대 노비가 일으켰던 '만적의 난' 때와 좀더 거슬러 올라가 중국의 진나라 말기 농민반란을 주도한 진승·오광의 난 때에도 이 말이 들렸다. 물론 일본에서도 이와 비슷한 말이 들렸다. 천황이 되겠다고 나선 자가 있었던 것이다.

일본의 대표적인 무사가문인 타이라 씨와 미나모토 씨는 원래 천황가의 혈통을 이어받은 집안으로, 타이라 씨는 50대 칸무 천황의 후예이며, 미나모토 씨는 56대 세이와 천황의 후예이다. 따라서 이들 양 씨는 일본에서는 뼈대 있는 집안에 속한다. 뿐만 아니라 이 양 씨는 이름 있는 집안이라고 해서 입만 가지고 사는 속 빈 강정도 아니었다. 이들 양대 가문은 정치적으로 혼란이 발생하면, 무사를 이끌고 보기 좋게 소란이나 반란을 평정하기도 하였다. 그래서 역대 천황들도 이들 가문에 많은 것을 의지했고, 이들 또한 천황가의 기대를 결코 저버리지 않는 활약을 과시했다.

물론 이 양대 가문이 항상 좋은 것만은 아니었다. 세력을 거느리다 보니 왕왕 이들 양대 가문에서 반란을 일으키는 자도 나왔다. 그래서 궁궐에서는 타이라 씨가 반란을 주도하는 경우에는 미나모토 씨로 하여금 진압하게 했고, 미나모토 씨가 반란을 주도하는 경우에는 타이라 씨로 하여금 진압하도록 했다. 이처럼 두 세력을 적절하게 이용하는 절묘한 세력균형 정책이 보기 좋게 먹혀들어간 때도 있었다. 그러나 이 처방전이 나중에는 취약이 되고 만다. 그러는 동안 이들 가문에 힘이 붙기 시작한 것이다.

1100년대 말엽 타이라 기요모리를 중심으로 해서 세상을 떠들썩하게 했던 타이라 씨 천하의 도래나, 미나모토 요리토모를 중심으로 해서 창설된 가마쿠라 막부는 바로 그 종착역이다. 너무 오랫동안 병마권을 맡아 세력이 비대해지다 보니, 천황이 되려고 꿈을 꾸는 자도 이들 집안에서 나오고 만다.

타이라 마사카도(平將門)란 자가 있었다. 성정이 워낙 난폭하고, 머리가 안 좋은 방향으로 잘 돌았던 자다. 그는 괜찮은 벼슬자리를 청탁했다가 거절당하자, 관동 지방으로 내려가서 강도짓을 해대고 이 지방 저 지방을 파괴하고 다니며 해코지를 해댔다. 심보가 아주 추잡한 자였던 셈이다. 그러니 주위 사람과 사이가 좋을 리도 없고, 그것이 화근이 돼서 그에게 죽임을 당하는 자도 있었다. 그는 이것도 모자라 나중에는 아예 한 지방을 탈취해 근거지로 삼고는 주위의 땅을 빼앗아서 영지를 넓혀나가는 횡포도

천황이 되려고 꿈꾸었던 타이라 마사가도. 타이라는 성정이 난폭해 이 지방 저 지방을 파괴하고 다니며 해코지를 해댔다.

자행한다. 완전히 무법자였던 셈이다. 그러나 세상에는 많고 많은 사람 중에 하필이면 이런 자와 친하게 지내거나 빌붙으려는 사람도 있다.

관동 지방에 있던 어떤 관리가 그를 찾아가서는 그럴싸한 말을 늘어놓았다.

"관동의 8개 지방은 땅도 아주 비옥하고 산물도 풍부한데다가, 지세가 험해서 견고한 요새로 삼기에는 둘도 없는 곳입니다. 이 곳을 근거지로 삼는다면, 손쉽게 천하의 패권을 장악할 수 있습니다. 한 지방을 탈취해서 죽임을 당하나, 여덟 지방을 빼앗아서 죽임을 당하나, 죽는 것은 매한가지입니다. 어차피 일을 저지른다면 큰일을 저지르는 것이 낫지 않겠습니까?"

타이라는 이 말을 듣고는 즐거워서 어쩔 줄 몰라 하며 그를 당장 참모장으로 발탁한다. 그리고 그의 권유대로 관동의 여덟 지방을 전부 탈취하고 만다. 타이라의 거동을 지켜보던 동생은 너무나 걱정이 된 나머지, 형을 나무라며 충고한다.

"형님! 황제나 왕이란 것은 하늘의 명이 있어야 되는 것입니다. 제 맘대로 될 수 있는 것이 아니지 않습니까? 부디 잘 생각하셔야 합니다."

형과 달리 동생은 현명했던 모양이다. 그러나 형은 막무가내다. 말하는 것도 걸작이다.

"뭐라고! 허튼소리 말아라. 하늘은 나에게 뛰어난 무용을 주지 않았는가! 내가 천자의 자리를 차지한다고 해서 어떤 놈이 방해할 수 있겠느냐!"

타이라는 갈 데까지 가보겠다고 마음먹었는지 아예 궁궐을 짓고 신하까지 거느린다. 천황 행세를 해댄 것이다.

타이라에게는 후지와라 스미토모(藤原純友)란 친구가 있었는데, 그 역시 당시 꽤나 날고 뛰던 섭정과 관백의 집안, 즉 그 유명한 후지와라 가문 출신이었다. 여하튼 둘 다 명문가 태생인데, 구체적인 음모는 이들 사이에서 진행된다. 하루는 둘이서 교토의 외곽에 있는 산에 올라간다. 거기서는 산 아래 있는 궁궐이 시원하게 한눈에 들어왔다. 타이라는 이를 보면서 한마디 중얼거린다.

"아! 대단하구먼! 사나이로 태어났으면 저런 데 살아보는 것도 괜찮은 일이다."

이것이 사나이의 야망이라면 좋겠지만 타이라는 사나이답지 않게 비열한 구석이 있었다. 색깔로 따진다면 그의 야망은 검은 야망, 즉 야욕이었다. 어쨌든 이 한마디가 결국에는 이 둘이 역모를 꾸미는 단초가 된다. 타이라는 그럴듯한 그림을 그리면서 친구를 설득한다.

"훗날 우리가 생각하는 대로 성사된다면, 나는 왕족이기 때문에 당연히 천자가 되겠지. 자네는 후지와라 씨니까 나를 위해서 관백이 되어주지 않겠나?"

후지와라가 응한 것은 물론이다. 이렇게 해서 타이라는 관동 지방에서 반란의 깃발을 세우고, 이에 호응해서 후지와라는 서쪽 지방에서 해상을 무대로 반란의 깃발을 올린다. 동서에서 중앙을 협공하는 구도였다. 이른바 '타이라 마사가도의 난'과 '후지와라 스미토모의 난'이다. 일본 역사에서 반란은 수없이 많이 일어났지만, 천황의 자리를 넘보기 위해서 난을 일으킨 자는 오로지 이 타이라 마사가도뿐이었다.

조정에서는 신속하게 토벌군을 편성하는데, 원수는 외나무다리에서 만난다더니 관동 지방의 타이라를 토벌하게 된 주력부대의 장수는, 예전에 타이라의 칼을 맞고 죽임을 당했던 사람의 아들인 타이라 사다모리(平貞盛)였다. 그렇지 않아도 사다모리는 아버지의 원수를 갚기 위해 이를 갈고 있던 참이었다.

한때 사다모리는 개인적으로 병력을 모아서 아버지의 원수를 공격하기도 했으나 뜻을 이루지 못했었다. 그때 그는 '천황의 명령을 받고 토벌에 나서는 것보다 나은 수가 없구나'라고 새삼 느꼈는데, 그 기회가 마침내 찾아온 것이다. 결국 이 싸움에서 타이라 마사가도는 타이라 사다모리의 화살을 맞고 말에서 떨어지고 만다. 그리고 다른 장수에 의해서 목이 날아간다. 명분 없는 야욕의 끝은 항상 이렇듯 처참하다. 또한 명문 귀족 출신이면서 해적의 두목이 되어 반란을 일으켰던 후지와라도 얼마 후에 미나모토 쯔네모토(源經基)에 의해서 꺾이고 만다.

훗날 '타이라 씨 천하'를 달성했던 타이라 기요모리는 '천황의 꿈'을 진압한 바로 이곳 타이라 사다모리 집안에서 출생하게 된다. '천황의 꿈'을 진압한 자의 집안에서 천황을 좌지우지하는 자가 출현했으니, 아이러니컬한 일이다. 그런데 이처럼 '천황의 꿈'을 꾸는 것이 가능했던 사실 자체가 당시 기울어가는 천황가의 도습을 그대로 보여주고 있는 셈이다.

이기 이때가 되면 천황가를 능가하는 후지와라 씨의 권세 때문에 천황의 권위는 땅에 떨어져 있었고, 천하를 호령하는 병마권도 천황의 손을 떠난 지 오래였다. 게다가 이 무렵은 후지와라 씨에 의해 궁궐이 한참 흔들리고 군신간의 질서가 어지러운 판국이었으므로, 왕이 되어보겠다고 나선 반란도 다 이유가 있는 반란이었던 셈이다.

그리고 이 반란을 기점으로 성장하기 시작한 미나모토 씨와 타이라 씨의 무사가문은 서서히 궁궐을 삼키기 시작했고, 천황가는 그만큼 조금씩 추락해갔다.

비에 젖은 궁궐

정승집 개와 초상집 개! 같은 개지만, 그 처지는 하늘과 땅 차이다. 초상집에 먹을것이 많다지만, 사람이 죽은 판국에 누가 개를 거들떠보겠는가. 그러니 먹을것을 앞에 두고 빌빌거릴 수밖에 없다. 몰락한 왕가의 왕족은 바로 이 초상집 개 신세를 면치 못한다.

외척세력에 밀려서 땅바닥을 기었던 조선왕실! 이 왕실의 어른이었던 흥선대원군 이하응 역시 고종의 아버지로서 훗날 권좌에 올라서기까지는 이 신세를 면치 못했다. 왕실이 무력한 탓에, 생명을 부지하려면 일부러 힘이 없는 척 빌빌거려야 했던 것이다. 추락한 천황! 이들도 이 신세를 면치 못한다. 추락한 천황은 과연 어떤 모습을 하고 있었을까? 비참했던 천황가의 초상화는 바로 여기에 숨겨져 있다.

천하의 대권을 장악할 때만 해도, 천황의 궁궐 생활은 모자람이 없었다. 한 인간이 누릴 수 있는 최고의 사치가 천황의 몫이었다. 800년대 초엽 52대 천황은 의식주 생활은 물론이고 연회, 사냥 등 온갖 것을 향유하기 위해서 막대한 국비를 사용했다. 호화스럽고 사치스런 그의 생활은 한 시대의 풍습을 주도할 정도였다. 특히 그는 후실만 28명을 거느리고 50명의 자식을 볼 정도로 일본 최고의 정력가이기도 했다. 사냥을 아주 좋아했던 그는 농민들의 출입을 금지시키면서까지 산야를 뛰어다니며 오락과 파티를 즐기면서도, 백성들에게는 생선도 먹지 말라, 술도 마시지 말라, 검소하고 절약하는 생활을 하라고 점잖게 타일렀다.

이때까지는 그래도 좋았다. 그러나 후지와라 씨와 무사가문이 궁궐을 흔들어대던 무렵이 되면, 천황의 신세는 처량하기 그지없을 만큼 추락하고 만다. 도대체 천황의 권위와 신세는 어느 정도까지 추락했을까?

왕이 거처하고 집무를 보는 궁궐에 도둑놈이 들어온다는 게 과연 말이나 될까? 이게 사실이라면 그 도둑놈도 대단한 놈이지만 궁궐도 한심하기 이를 데 없다. 그런데 54대 천황(仁明) 때인 830년대에는 어떤 배짱 좋은 도둑놈들이 궁궐로 숨어 들어왔다. 게다가 이 도둑놈들은 다른 것도 아닌 감히 천황의 옷을 훔치려다 붙잡힌다. 몇 명은 재빨리 달아나고 한 명이 잡혔는데, 잡고 보니 웬걸 여자 도둑이었다. 별별 난리를 다 겪은 황실이지만, 이런 일은 천황가가 생긴 이래 처음이었다. 수천 명이 둘러싼 궁궐에 도둑이 들었으니 아마도 내부 소행일 테지만, 어쨌거나 어이없는 사건이다.

이때는 후지와라 씨나 무사가문도 힘을 못 쓰던 무렵이다. 그런데도 이런 일이 일어났으니, 어쩌면 이때부터 천황의 권위는 조금씩 추락하고 있었는지도 모른다. 이 54대 천황도 호화사치에 있어서는 다른 천황들 못지않게 극치를 달린 사람이다. 심지어 한 신하가 "사치를 좋아하는 천황으로는 고금을 통틀어서 최고"라고 욕할 정도였다.

그래도 이 정도 사건은 재롱에 지나지 않는다. 어쩌면 천황도 웃고 말았을지 모를 일이다. 그러나 그 후 천황의 간담을 서늘하게 만드는 사건이 발생한다. 996년 1월 66대 천황 때의 일이다. 이때는 천황의 목이 후지와라 씨의 입술 끝에 달려 있을 만큼 후지와라 씨가 훨훨 날던 시절로 사고를 일으킨 자들도 바로 이들이다.

당시 조정의 고위 벼슬아치였던 두 명의 후지와라 씨가, 은퇴한 65대 천황(카잔〔花山〕 상황)을 향해서 화살을 쏘아댄 것이다. 다행히 화살은 비껴 갔지만, 십 년 감수할 만한 사건이었다. 게다가 이들은 저주를 걸어서 병상에 있는 천황의 어머니를 죽이려고 주술까지 부려댔다. 그래도 명색이 상황이고 천황의 모친인데, 어찌 보면 보잘것없는 신하에게 이런 수모와 업신여김을 당한 것이다.

권력다툼을 빼면 달리 아무런 이유가 없다. 다른 때 같으면 있을 수도 없는 일이고 당연히 죽임을 당할 일이나, 이들은 일시적으로 유배를 당했을 뿐, 나중에는 버젓이 원래 자리로 복직된다. 천황으로서도 후지와라 씨의 권세를 어쩔 수 없었기 때문이다.

그래도 귀족이라는 후지와라 씨에게까지 이런 수모를 당할 정도이니, 이보다 억센 무사들에게는 더한 수모를 받을 수밖에 없었다. 군인들이 정권을 잡은 시대는 언제나 다 그렇듯이, 사무라이들이 정권을 잡은 시대로 들어서면 천황에게도 어이없는 일이 수도 없이 일어난다.

1340년 무토마치 막부를 세운 아시카가 타카우지(足利尊氏) 장군 밑에 한 장수(佐佐木秀綱)가 있었다. 이 장수는 모종의 일로 천황의 자리에서 은퇴한 상황(光嚴)의 동생과 다투다가 화가 치밀자 상황 동생의 집을 불태워버린다. 상황의 동생이면 그래도 황족이다. 그러나 그는 자기 집이 불에 타는 수모를 당하면서도 어쩔 수 없었다.

이와 비슷한 무렵에는 이런 일도 있었다. 어느 날 한 장수(土岐賴遠)가 말을 타고 가다가 도로에서 상황(光嚴)의 행차와 마주쳤다. 황족이나 귀족 앞에서는 무사가 말을 타고 있을 수 없었으므로 당연히 상황측에서는 장수를 향해 말에서 내리도록 명령하였다. 그런데 명령을 받은 장수는 말에서 내리기는커녕, 도리어 큰 소리를 지르며 호통을 쳤다.

"아니, 요즘 세상에 나를 모르는 작자가 있단 말이냐! 누구 앞에서 감히 말에서 내리라 말라 하는 것이냐! 이런 얼간이 같은 놈! 어느 놈의 상황인지 개인지 모르겠다만, 개라면 이 화살 맛을 보아라!"

그는 화살을 꺼내 들고 상황의 마차를 향해 활시위를 당겼다. 그 다음 장면은 말이 아니다. 뒤따르던 귀족이며 수행원들은 매를 맞고 마차에서 떨어졌고, 마차는 뒤둥그러졌다. 아수라장으로 변했으니, 상황은 살아 있는 기분이 아니었다. 행패를 부린 이 장수는 결국 처형을 당하지만, 이 소문을 들은 무사들은 무사가 처형된 것을 아주 못마땅해했다. 이들은 "상황을 만났을 때 말에서 내려야 한다면, 장군을 만나면 땅 위를 기고 있으란 얘기냐!"고 말할 정도였다. 한마디로 천황가에 대한 예우를 못하겠다는 이야기다. 사무라이들만 그런 것이 아니다. 궁궐에 있는 관리들도 상황의 행차를 만나면 말에서 내리지 않았다.

이보다 더 심한 얘기도 있었다. 아시카가 장군을 보좌하던 코노 모로나오(高師直)라는 장수가 있었는데, 그는 당시 장군 밑에 있던 수많은 장수 가운데서 가장 힘 있는 자였다. 그는 도무지 천황가가 성가셨던 모양인지, 아예 까놓고 볼멘소리를 내지른다.

"교토에 왕이란 자가 있어서 너무 많은 땅을 차지하고 있다. 게다가 왕이 사는 궁궐이나 상황이 있는 건물 앞에서는 말에서 내려야 하니 번거롭기만 하다. 왕은 없어도 좋다. 만일 정 왕이 필요하다면 나무나 쇠로 만들어놓고, 살아 있는 상황이나 국왕은 배에 태워서 어디론가 떠내려 보내고 싶다."

한마디로 천황이 귀찮고 필요 없다는 말이다. 그나마 천황이 없는 데서 이런 소릴 했기에 망정이지, 면전에 천황이 있었다면 과연 어떤 표정이었을까? 정말 천황가도 더 이상 추락할 데가 없을 지경이었다.

앞에서 본 것처럼 천황이 되려고 반란을 일으킨 자도 있었지만, 천황가가 이처럼 상갓집 개의 신세를 면치 못하고 있을 무렵 진짜로 천황이 되려고 하는 자가 나타난다. 무로마치 막부의 3대 장군 아시카가 요시미츠(足利義滿)가 그 장본인이다. 이미 대권을 장악한 뒤인지라 거리낄 것이 없던 그는 태정대신이 되려고 밀어붙이다가 그만 귀족들의 반대에 부딪힌다. 그러나 천황이 이미 무력한데, 귀족들에게 힘이 있을 턱이 없었다. 3대 장군은 이

무로마치 막부의 3대 장군 아시카가 요시미츠. 마치 '일본의 왕' 처럼 행사했던 그는, 중국의 명나라로부터 국왕 옥새를 받았을 뿐만 아니라, 자기 이름 앞에 '일본 국왕' 이라고 서명하기도 하였다.

처럼 아무것도 아닌 귀족들의 반대가 괘씸했는지 이들을 앞에 두고 노골적인 협박성 발언을 내뱉는다. 그의 발언은 대단히 위협적이었다.

"좋 그렇다면 좋소. 아예 내가 제왕이 되겠소. 그래서 다른 무사들을 귀족으로 삼고, 또 다른 장수를 장군으로 만든 뒤에 조정을 없앨 테니 알아서 하시오."

깜짝 놀란 귀족들은 그의 요구를 들어줄 수밖에 없었다. 이 3대

장군은 천황을 없애지는 않았지만, 그의 행동거지는 거의 천황과 같았다. 그는 중국의 명나라로부터 '일본의 왕'으로 책봉을 받으면서 '국왕 옥새'도 함께 받았는데, 이것을 당연하게 생각했다. 그래서 명나라에 국서를 보낼 때에는 아예 자기 이름 앞에 '일본 국왕'이라고 서명할 정도였다. 그리고 그가 죽었을 때 천황은 그에게 '태상(太上) 천황'이라는 호를 하사하려고까지 한다. 누가 천황인지 알 수 없는 묘한 시절은 이렇게 해서 지나기도 하였다.

그러다 1400년대 말엽이 되면 일본은 온통 전쟁판이 된다. 내란이 발발하면서 무정부 상태로 빠져든 것이다. 힘 있는 자만이 살아남는 약육강식의 전란기가 도래한 이 무렵, 백성들은 백성들대로 자구책을 찾아서 봉기를 일으킨다. 그리하여 백성들은 툭하면 궁궐에서 농성 투쟁을 하겠다고 선언을 하고, 그럴 때마다 천황은 공포에 휩싸여서 안절부절 못한다. 천황가는 이만큼이나 무력하고 몰락해 있었다. 과거의 영화와 부귀는 둘째 치고, 이제는 오로지 살아남는 것이 문제였다.

이 험악한 전국시대가 되면 천황가는 물론이고 귀족 명문가도 거지 신세에 가깝다. 이들은 경제력을 거의 상실하여, 겨울 추위를 막는 데 필요한 옷가지도 없어서 사찰이나 신사(神社), 혹은 안면이 있는 무사를 찾아다니면서 손을 내미는 처량한 신세로 전락한다. 폭풍으로 궁궐이 부서졌지만 고칠 돈도 없었고, 103대 천황(後土御門)이 죽었을 때는 장례비도 없는 판국이었다. 그래서 천황이 죽은 지 40여 일이 지난 11월에야 이런저런 헌금을 얻어다가 겨우 장례식을 치렀다. 그 동안 궁중에 그냥 안치되어 있던 천황의 시체에서는 벌레들이 우글거렸다고 한다. 아무리 몰락했다고 하지만 상상도 못할 일들이 벌어지고 있었던 것이다.

103대 천황의 뒤를 이은 104대 천황(後柏原)은 전 천황의 장례 중에 즉위하게 되었는데 전 천황의 장례비용이 없는 판국이니, 즉위식을 거행할 경비가 있을 턱이 없었다. 그러나 천황이 되기 위해서는 반드시 즉위식을 올리지 않으면 안 되었다. 그래서 그는 어느 유력한 무사에게 헌금을 요청한다. 하지만 이 무사는 "즉위식을 거행해도 사람들은 당신을 왕으로도 무엇으로도 생각하지 않을 것이다……. 영락한 몸으로 그런 의례를 거행하는 것은 쓸데없는 일이다"라고 핀잔을 주면서 헌금을 내달라는 요청을 거부한다. 천황으로서는 보통 체면을 구기는 일이 아니었다.

결국 이 천황은 그로부터 20여 년이 지난 뒤에야 한 사찰의 헌금을 받아 겨우 즉위식을 올릴 수 있었다. 사정은 그 후에도 변하지 않았다. 105대 천황(後奈良)은 즉위한 지 10여 년이 지난 뒤에, 그리고 106대 천황(正親町) 역시 즉위한 지 수년이 지나서야 유력한 무사의 헌금으로 겨우 즉위식을 거행할 수 있었다.

이것이 온갖 부귀와 영화를 누리던 천황가의 몰락한 모습이다. 도쿠가와(德川) 막부가 들어서는 1600년대가 되면, 그나마 천황은 노래나 시라도 지으면서 살 수 있게 된다. 노래나 시를 지으면서 살 수 있었다니, 천황의 생활도 꽤나 폈다고 생각할지 모르겠다. 그러나 그건 오산이다. 거기에는 또 다른 속 깊은 사정이 있다. 이는 정치에 관여하지 말고 조용히 숨을 죽이고 살라는 막부의 강제명령에 따른 것이었지, 결코 천황의 신세가 바뀐 결과는 아니었다.

천황은 생활이 핀 대신에 사사건건 막부의 간섭을 받아야 했다. 아주 값비싼 대가를 치른 것이다. 그리고 이 시대가 되면 초대 천황의 묘를 비롯해서 역대 천황의 묘들은 밭으로 이용되거나 마을 공동묘지, 혹은 술자리로 이용되는 지경에 이르렀다. 죽은 천황의 묘 따위에는 아무도 신경 쓰지 않았던 것이다.

도쿠가와시대 260여 년 동안, 천황은 함부로 교토를 뜨지도 못하고 끊임없는 막부의 감시 속에 살아야 했다. 창살 없는 감옥이 바로 이런 것이다. 게다가 도쿠가와시대에는 신의 자손인 천황을 능가하는 강력한 신이 등장한다. 도쿠가와 이에야스가 그 주인공이다. 이에야스가 죽은 뒤 그의 후대 장군들이 지금은 단풍으로 유명한 닛코(日光)에 그를 신으로 받들어 모신 것이다. 이렇게 되자 천황은 궁궐 대표를 머나먼 닛코까지 파견해서 이에야스라는 '신'에게 참배를 해야 했다. 전통적인 신의 자손인 천황이 인간인 신에게 참배하는 꼴이 된 셈이다. 물론 장군측에서는 천황의 조상신을 참배하기 위해서 대표를 파견하지 않았다.

권력을 박탈당한 천황은 어찌 보면 제사장으로서의 권위마저 잃은 것이다. 그렇다면 천황에게는 과연 무엇이 남았겠는가! 그러나 "돌은 가라앉지만, 마른 잎은 물 위에 떠서 흘러간다. 조정은 정치적 무게를 잃어버림으로써 살아남을 수 있었던 것이다"라고 하듯이, 천황의 정치적 불행은 다른 의미에서는 행운이기도 했다.

온갖 수모와 모멸, 협박, 빈궁, 구걸, 유폐된 삶! 이것이 몰락한 천황가의 초상화였다. 그나마 아무것도 모르는 초상집 개는 차라리 행복할까? 극락에서 지옥으로 추락한 천황이 다시 과거의 권세를 손아귀에 넣으려면 1868년 메이지유신 때까지 기다리지 않으면 안 되었다.

썩어도 준치, 망해도 황실

'레임 덕'이라는 말이 신문·방송에 종종 오르내리는데, 이 말은 대통령의 재임 말기에 발생하는 '권력누수' 현상을 일컫는다. 권력이 솔솔 새나가니 사람도 줄줄 빠져나간다. 가만히 있어도 꼬이던 사람들이 붙잡아도 뿌리치며 떨어져나가니, 권력의 무상함이 여기에 있다. 그래서 이걸 막아보려고 권력층은 머리를 쥐어짠다.

그러나 한편 이는 반가운 현상이기도 하다. 물러날 생각조차 하지 않는 독재정권 아래서는 들을 수조차 없는 말이기 때문이다. 그래서 "정승집 개가 죽으면 사람이 들끓지만, 정승이 죽으면 찾는 사람이 없다"고 했다. 권력에 빌붙는 비정한 세상 인심을 두고 하는 말이다. 자식을 잘 키우려는 부모의 욕심도 그래서 발동하는가 보다. 자식 덕에 외롭지 않게 이승을 떠나려고 말이다.

그런데 잘 키운 자식 하나 없는데도 죽은 정승집이 북적거린다면, 그건 묘한 일이 아닐 수 없다. 사무라이들이 정권을 잡은 시대로 들어서면, 아무런 힘이 없는 천황 밑으로 사람들이 조여든다. 한편에서는 천황가에 대한 온갖 멸시와 모독을 가하는 자들이 있는 반면, 다른 한편에서는 그래도 천황의 이름을 빌리려는 자들이 있었다. 황실은 망했어도 이름값을 톡톡히 했던 것이다. 그래서 일본은 묘한 나라인지 모른다. 그러면 몰락한 천황가의 이름값은 과연 어느 정도였을까?

1192년 사무라이 정권(가마쿠라 막부)이 들어서고 20여 년이 지난 뒤, 정권회복을 노린 천황가의 역습이 시도된다. 그때까지만 해도 천황가의 땅이나 재산이 상당했고, 또한 반가마쿠라 무사도 각지에 있었다. 고토바(後鳥羽) 상황은 이를 믿고 정권 회복을 노린 궐기를 단행하지만 완패하고 만다. 사무라이 정권은 당시 세 명씩이나 있었던 상황을 전부 섬으로 유배보내고, 내란과는 아무런 관계도 없던 네 살짜리 천황도 지위를 박탈하여 영원히 유폐시켜버린다. 선무당이 사람 잡는다고 어쭙잖은 역습 때문에 천황가는 오히려 된서리를 맞은 셈이다.

천황의 이름값은 그로부터 1백 년이 지난 후인 96대 고다이고(後醍醐) 천황 때 제대로 행세하게 된다. 1333년에 사무라이 정권을 타도하고 천황 정권이 부활된 것이다. 이때는 전국 방방곡곡에서 사무라이들이며 백성들까지 호응해서 궐기한다. 있는 둥 마는 둥 했던 천황의 수하로 온갖 세력들이 속속 집결했으니 천황으로서는 신명나는 일이 아닐 수 없다. 결국 무사정권인 가마쿠라 막부는 이들 세력에 의해서 무너지고 만다. 훗날 일본이 제국주의 길을 걸어갈 때, 천황에 대한 충성의 상징으로 빈번히 입에 오르내렸던 무사들이 이때 대거 등장한다. 천황의 이름값이

3장 벼랑 끝에 선 왕권 | 129

고다이고 천황의 초상. 고다이고 천황 대에 와서 첫 번째 사무라이 정권인 가마쿠라 막부가 타도되고 천황 정권이 부활되었으나, 이는 반짝 정권에 지나지 않았다.

제대로 먹혀들어간 것이다.

지금도 천황이 기거하는 황거 앞 광장에 커다란 동상이 하나 서 있는데, 말 꼬리가 성이 나 있고 갑옷마저 휘날리도록 제작되어 있는 이 동상은 그야말로 박력 있고 생생하게 만들어져 있다. 말을 탄 장수의 말 머리는 천황이 있는 곳으로 향해 있다. 무사정권 타도를 위해서 천황이 있는 곳으로 달려가는 모습을 묘사한 것이다. 쿠스노기 마사시게(楠木正成)가 이 동상의 주인공이다. 가끔 한국 관광객들도 이 동상 앞에서 멋진 포즈를 취하며 사진을 찍기도 하는데, 작품 그 자체만으로는 멋진 걸작이라는 생각

아시카가 다카우지의 출진도로 전해지는 그림이나 코노 모르나오로 추측되기도 한다.

이 든다.

그러나 이 천황정권은 '반짝 정권'이었다. 천황의 이름 밑에 모처럼 많은 사람들이 몰려들었건만, 정작 천황은 무사정권을 타도하는 데 가장 결정적인 원동력이었던 무사나 농민의 요구를 조금도 들어보지 않았다. 너무 오랜만에 권력을 잡은 탓인지, 천황은 이를 제대로 행사하지 못했던 것 같다. 결국 1336년 일찌감치 아시카가 타카우지를 수령으로 하는 무사들에게 역습을 당하고 만다. 그리고 이어서 두 번째 무사정권인 무로마치 막부가 들어서게 된다. 천황의 이름값이 제대로 먹히는가 싶더니, 결국에는 거품이 되고 만 것이다.

천황의 이름은 이로부터 2백여 년이 지난 후인 1500년대 말엽에 들어서면서 다시 들먹거려진다. 이때 일본은 혼란의 극을 달리던 전국시대였다. 일본 전국이 갈갈이 찢겨져 힘 있는 영주마다 패권을 차지하기 위해서 힘을 겨루고 있었다. 이런 상황에서 '일본 천하에 대한 패권'을 인정받기 위해서는 천황의 권위가 필요했다. 그래서 이런저런 영주들은 어느 정도 강대하게 되면, 빈곤의 밑바닥 생활을 하는 천황에게 접근해 얼마간 헌금을 하였다.

이들 가운데서 최초로 가장 강력하게 된 오다 노부나가는 그 이전의 영주보다 훨씬 많은 재산을 천황에게 제공했고, 도요토미 히데요시는 오다 노부나가보다 더 많은 재산을, 도쿠가와 이에야스 또한 히데요시보다 많은 재산을 천황에게 제공했다. 이를 통해 오다 노부나가는 좌의정에 해당하는 좌대신(左大臣), 도요토미 히데요시는 영의정에 해당하는 태정대신과 관백, 도쿠가와 이에야스는 정이대장군이라는 자리를 천황으로부터 얻어내고, 이를 자신들의 간판으로 삼았다. 아무것도 아닌 듯하던 천황이었지만, 이들 강력한 무사들도 천황의 이름이 없이는 아무런 벼슬자리도 할 수 없었다.

그러나 그들은 천황으로 하여금 정치력이나 군사력을 절대 지니지 못하게 했으며, 또한 정치력이나 군사력의 기초가 될 만큼의 재산도 지니지 못하게 했다. 세 번째 들어선 무사정권인 도쿠가와 막부는 천황에게 총 3만 석 정도를 수확할 수 있는 토지를 제공하고, 천황가 이외의 귀족 토지와 합해서 소유 토지를 약 10만 석 정도로 제한했다. 중급 영주 수준일 뿐이었으나, 어쨌든 천황가의 이름값이 쌀 몇만 석을 호가하는 순간이다. 맨 알거지 신세에 비한다면 대단한 변화인 것이다.

천황가가 몰락했던 것은 사실이나, 그렇다고 해서 천황가가 완전 껍데기였던 것은 아니었다. 천황가는 무력한 상태라고는 하지만, 통치의 정통성을 부여하는 권위를 인정받는 존재였다. 변란이 있을 때마다 천황 주위에 사람들이 꼬인 이유는 다 그만한 배경이 있었기 때문이었다.

한편 나라 문을 걸어잠궜던 도쿠가와 막부는 개국을 요구하는 서양세력에 의해서 위기에 처하게 된다. 19세기 중반 무렵 구미 자본주의 열강의 아시아 침략이 중국에 미치고, 나아가 일본을 압박하기에 이르렀기 때문이다. 그런데 이때 천황(121대 코우메이[孝明] 천황)이 돌연 발언을 하기 시작한다. 1846년 그 첫 발언으로 외국 군함이 빈번하게 일본 주변에서 어른거리는 것을 불안하게 여긴 천황이 막부를 향해 방위에 만전을 기하도록 요망한 것이다.

물론 이런 천황의 발언이 막부의 정치에 간섭하겠다거나 혹은 막부와 대결하겠다는 뜻을 가진 것은 전혀 아니었다. 오히려 천황은 막부의 등에 꼭 달라붙어 있는 판국이었다. 그러나 이런 발언은 예전에는 없던 일이다. 그런데도 막부는 천황의 이 발언을 나무라지도 않고, 외국 군함이 일본 주변을 어른거리는 상황을 보고하였다.

이로부터 7년 뒤인 1853년, 미국의 페리 함대가 에도(지금의 동경) 만에 진입해서 무력적인 위협을 앞세워 일본의 개국을 요구하는 대통령의 국서를 전달함으로써, 막부는 나라 문을 계속해서 걸어잠그려면 전쟁도 각오해야 하는 상황에 직면하였다.

미국 함대로부터 개국을 강요받았을 때, 극소수의 선각자를 제외한 지배계급의 대다수는 개국 반대와 오랑캐 배척을 외쳤다. 천황도 개국 통상의 시시비비를 가릴 생각조차 하지 않는 배외주의자였다. 그러나 서양세력과 교섭을 벌이는 막부는 자신들에게 이들을 물리칠 실력이 전무하다는 사실을 알고 있었다. 이 때문에 조금씩 굴복해 들어가지 않을 수 없었고, 이에 맹렬히 반발한 세력들은 가장 강렬한 배외주의자인 천황을 등에 업고 나섰다. 이들의 주장은 막부가 천황의 의지를 짓밟고 있는데 이는 용서할 수 없는 일이며, 막부는 천황의 뜻을 받들어야 한다는 것이었다. 우리는 여기서 또다시 이미 망한 황실의 저력을 느끼게 된다. 2백 년이 넘는 유폐 생활 가운데서도 천황의 이름값은 완전히 사그라지지 않았던 것이다.

나라를 똑바로 지키라는 천황의 요망이 있기는 했으나, 서양세력과 대결하는 것도 그리 만만치 않은 일임을 알고 있는 막부는 곤경에 빠진다. 나라 문을 잠그고 앉아 있으려니 서양세력의 위협이 두렵기만 하고, 나라 문을 열어젖히려니 국내의 반발이 만만치가 않다. 이러지도 저러지도 못하던 막부는 결국 1867년 모든 권한을 천황에게 돌려주고 만다. 이렇게 해서 즉위한 사람이 122대 메이지 천황이다.

아무리 망한 황실이었지만, 그래도 황실 만한 데가 없었던 탓이다. 썩어도 준치이듯이, 망해도 황실이었던 셈이다.

4장

되살아나는 신화

숨쉬는 미라

신라 왕실도 망한 후에 두 번 다시 서지 못했고, 고려나 조선의 왕실도 한 번 지고 난 후 다시 피지 못했다. 세상의 어떤 왕조든 대부분 한 번 기울면 영원히 기울고 만다. 숨통을 틀어막혔던 천황가도 완전히 질식사했음직하다. 그러나 천황가는 숨이 넘어갈 듯 헐떡거리기는 했을 망정, 숨이 끊어지지는 않았다.

한번 생각해보자! 1192년 최초의 무사정권이 들어서고 1868년 마지막 무사정권이었던 도쿠가와 막부가 망하니, 사무라이가 권력을 장악한 것은 무려 7백여 년에 가깝다. 천황에게는 성씨가 없다고 하지만, 이 세월이면 다른 성씨를 가진 새로운 왕조가 들어서도 하등 이상할 것이 없는 기나긴 시간이다. 이것이 세계사의 상식이다. 그런데도 일본에는 새로운 왕조가 들어서기는커녕, 도리어 미라에 가까웠던 천황가가 다시 숨을 쉬기 시작한다. 다른 나라 같으면 상상도 못할 일이다. 누군가가 인공호흡이라도 해주지 않고서는 도저히 불가능한 일이다. 미라는 과연 어떻게 숨을 쉬고 있었을까?

　세 번째로 들어선 도쿠가와 막부는 다른 무사정권에 비해서는 안정적이었다. 무사정권이 안정적이면 안정적일수록, 천황의 숨결은 가늘어질 수밖에 없다. 실제 도쿠가와 막부가 시작부터 천황의 숨통을 틀어막아왔던 터라, 천황의 숨결은 더더욱 가늘어져 있었다. 그런데 막부의 창검이 시퍼렇게 빛나고 있던 1750년대, 치안도 물샐틈없이 탄탄하던 그 시절에 타케우치 시키부(竹內式部)란 학자가 천황과 궁궐 측근들에게 무사정권을 비난하면서 천황의 정치적 임무를 강의하는 사건이 발생하였다. 강의 요지는 다음과 같았다.

　"일본에서는 황실이 가장 존귀하다. 그러나 세월이 흐르다 보니 장군이 고귀한 것은 알아도, 천황이 고귀한 것은 모르고 있다. 천황 자신도 이 사실을 모르고 있고, 그 밑의 신하들은 더더욱 그렇다. 따라서 천황을 비롯해서 그 신하들이 학문에 열심하고 바른 도를 익히는 때에는 천하만민의 마음도 황실로 돌아올 것이다. 그렇게 되면 장군도 어쩔 수 없이 정권을 천황에게 돌려주게 될 것이다. 왕정복고를 위해서는 모두가 열심히 학문에 힘써야 한다."

　이 강의를 들은 116대 모모조노(桃園) 천황과 측근 귀족들은 벅차오르는 감격을 느끼고, 어린 천황도 이에 고무되어 학문에 힘쓰게 된다. 그러나 이런 동향을 주목한 막부는 관련자들을 체포하고, 이 학자는 교토에서 추방당하게 되었다. 자그마한 소용돌이가 스치고 지나간 것이다.

　이어서 이와 비슷한 시기에 한 권의 책이 세상에 나온다. 서슬 퍼런 무사정권을 비판하고 나선 책이다. 죽기를 각오하고 쓴 듯,

존왕론을 설파하며 도쿠가 각부를 비판한 야마가타 다이니의 초상. 결국 닥부에 의해 처형당하고 만다.

그의 글도 서슬이 퍼렇다.

"지금 천하의 금슬은 조율이 어긋나도 심하게 어긋나 있다. 새로이 줄을 조여야 하는 때이다. 때를 놓쳐서는 안 된다." 또한 그는 "천하에 해악을 행하는 자는 나라의 군주(막부의 장군)라 할지라도 반드시 벌해야 하며, 이것이 원활하지 못할 때는 병사를 일으켜서 그를 토벌해야 한다"고 했다.

의사 출신인 이 책의 저자 야마가타 다이니(山縣大貳)는 이런 글을 쓰는 데 머물지 않았다. 그는 주위 동료들과 함께 장군이 있는 에도 성과 주요 성들을 공략하는 전법을 강의하기도 하였으며, 한 동료는 아예 천황을 받들고 거사하겠다고 말하기까지 한다. 물론 구체적인 반란계획은 없었으나, 이를 탐지한 막부에 의해 결국에는 처형당하고 만다.

이 사건들은 무엇을 의미하는 것일까? 천황이 교토의 궁궐에서 가느다란 숨결을 이어가다 못해 미라가 되어가고 있을 무렵, 천황을 잊지 않고 있던 사람들이 천황에게 인공호흡을 해주고 있었음을 의미한다. 그런데 중요한 것은 이런 사람들이 하나 둘이 아니었다는 점이다. 그 이전이나 이후에도 내노라 하는 일본인들은 계속 천황을 기억하고 있었고, 도쿠가와 정권에 속해 있는 무사들 가운데서도 천황을 기억하는 자들이 적지 않았다. 게다가 이 무사들도 천황의 존귀함을 강조하였다. 1820년대에는 아이자와 야스시(會澤安)라는 무사가 한 권의 책을 썼는데, 그 안에는 이런 글이 있다.

"대의명분에 무지하고 명나라나 청나라를 중화라든가 중국이라 부르면서 일본의 참된 실체를 욕되게 하는 자, 혹은 시세에 추종하면서 명분을 흐트러뜨리고 대의를 잊어서 천황을 마치 국내 망명가처럼 간주하고 위로는 역대 천황의 덕을 다치게 하고 밑으로는 막부의 정의를 업신여기는 자는 뭘 모르는 자들이다."

이는 혼자의 넋두리를 몰래 담은 책에 실려 있는 글이 아니다. 그의 책은 당시 무사들 사이에서 널리 읽혔으며, 동시에 커다란 영향을 미쳤다고 한다. 그런 책에서 무력하기 짝이 없던 천황의 옛 덕을 이처럼 옹호했던 것이다.

이런 일도 있었다고 한다. 한번은 막부가 중국 명나라에 편지를 보낼 일이 있었다. 이런 국서는 관례적으로 천황의 이름으로 보내지 되어 있는데, 천황에 속해 있는 고위관료(관백)가 편지를 쓰면서 '신하'라는 말을 쓰려고 했던 모양이다. 이를 접한 막부의 관료가 "일본에는 천황이 있고 명나라에는 천자가 있으니 이는 서로 동등한 나라입니다. 예전에 관백들이 명나라와 교류하려고 신하라 칭하면서 물건을 바친 것은 대단히 안 될 일이었습니다. 어찌해서 서로 동등한 나라인데 스스로를 낮추어서 신하라 일컫는 이치가 있습니까?"라는 말을 한다. 이 말을 들은 관백은 결국 그의 말을 따른다.

도쿠가와 막부 내의 요직에 있던 무사관료들도 몰락한 천황을 일본의 자존심으로 받아들이고 있었던 모양이다. 천황의 신세는 말이 아니어도, 그의 권위는 이리저리 이용된 셈이다. 이 정도면 미라도 대단한 미라라고 할 수 있을 것이다.

이럴 정도니 외국인들의 눈에도 몰락한 천황이 대단하게 비칠 수밖에 없다. 일찍이 피로 피를 씻는 내란으로 날을 지새우던 1500년대 말엽 전국시대에도 천황은 그렇게 비쳐졌다. 어느 서양인은 싸움으로 날을 지새우는 일본의 불행이 몹시 안타까웠던 모양이다. 이 서양인은 가톨릭을 전도하러 온 길이었으므로 창검이 휘날리는 일본이 편할 리가 없었다. 그런데 그는 이런 불행의 근원을 한마디로 명쾌하게 진단해버린다.

"이 같은 불행의 주된 원인은 일본인들이 예전과 같이 본래의 정당한 군주인 천황에게 복종하지 않기 때문이다."

외국인의 머릿속에도 천황의 존재는 분명한 자리를 차지하고 있었던 셈이다. 이후에도 일본을 찾은 서양인들에게는 천황의 존재가 선명하게 살아 있었다. 1810년대에 어느 서양인은 "일본에는 두 명의 지배자"가 있다고 썼는데, 물론 그 중 한 명은 천황을 가리키는 것이다. 게다가 서양인들은 막부의 장군이 '세속적인 황제'라면, 천황은 '신앙상의 황제'라는 차이까지 알고 있었다. 이런 차이점을 알고 있으면서도, 이 서양인은 이렇게 기록하고 있다.

"천황가는 오늘에 이르기까지 끊임없이 일본을 지배하고 있다고 한다."

이 정도라면 무사정권은 천황을 교토에 유폐시켜놓고 말려 죽일 듯이 덤벼들었지만, 서양인들의 눈에 천황은 어찌 됐든 이처럼 쟁쟁한 모습을 하고 있었던 셈이다.

조선통신사에게도 사정은 마찬가지였다. 1617년 일본을 찾은 통신사는 "일본에는 소위 천황이라는 임금이 있다. 천황은 비록 높은 자리에 있으나, 국사에는 관여하지 않고 오직 관직 제목에 도장을 찍는 값이 있을 뿐이다"라는 말을 남긴다. 천황의 실체가 우리 조선통신사의 눈에도 제대로 파악되었던 것이다. 권력은 없지만, 그래도 천황은 임금이었다.

도쿠가와 무사정권이 멸망하기 30여 년 전인 1830년대, 다음과 같은 결정적인 한 편의 글이 쓰여졌다.

"천황과 장군 간의 대립은 일본의 정치와 여론을 바꿀 수 있는 유일한 원인이 될 것이다. 왜냐하면 장군도 장군이려니와 천황도 끊임없는 주위의 존경을 받으면서 생활하고 있기 때문이다. 따라서 언젠가는 천황과 장군이 충돌을 일으킬 날이 찾아올 수밖에 없을 것이다."

이 글은 마치 30여 년 후에 발생하게 될 메이지유신을 예언하는 듯하다. 그리고 실제로 이 글이 쓰어지고 30여 년 후에 천황과 장군은 충돌을 일으키게 되며, 이 메이지유신이라는 충돌을 통해서 천황이 권력의 중심으로 들어서는 일본 정치의 변화가 발생한다.

도쿠가와 막부 260여 년 동안 천황은 교토의 궁궐에 유폐된 채 미라 같은 삶을 살았던 것처럼 보이지만, 그의 숨결은 결코 끊어지지 않았다. 메이지유신을 통해서 천황이 재등장할 수 있었던 것은 어찌 보면 다 그럴 만한 이유가 있었던 것인지도 모른다. 그러고 보니 도쿠가와 막부가 탄탄한 통치체제 구축을 끝낸 1672년에 어느 유학자가 쓴 글이 생각난다. 이 글은 막부의 장군이 천하의 대권을 완전히 장악한 뒤에 쓰어진 것이다.

"일본의 최고 신(아마테라스오오미카미)은 이 땅 위에 태어난 존재가 아니다. 초대 진무 천황은 그의 자손으로서 하늘의 정통성을 이어받았다······. 천황이 한 번 보통 사람이 되면 이 하늘의 정통성을 이어받을 수 없고, 땅 위에서 태어난 것과 똑같아지기 때문에 천하를 장악해도 제왕의 호를 얻을 수가 없다. 또한 세 가지 보물을 몸에 지니고 천황의 계보를 이어받는 절차를 밟는 것은 일본의 최고 신에게 황송할 뿐이다. 게다가 그런 일이 있다 해도 하늘의 위엄이 허락하지 않는다. 일본이 존재하는 한은 이와 같을 것이다. 다른 나라에는 없는 예이지만, 일본에서는 필연적인 이치이다."

천황은 오르지 천황의 혈통을 이어받은 자만이 될 수 있다는 소리다. 아무리 천하의 대권을 장악한 자일지라도, 함부로 천황이 되려는 자가 나타나지 않았던 이유가 이해될 듯하다. 또한 천황이라는 미라가 숨을 쉴 수 있었던 이유도 이해가 될 듯하다. 미라에 가까웠던 천황은 바로 이런 일본인들에게 끊임없이 엄호사격을 받고 있었던 것이다.

한 번 천황은 영원한 천황

천황 얘기를 하는데 웬 해병대 구호인가 하겠지만, 사실 그 오랜 세월 동안 천황가가 사라지지 않고 존재했다는 사실은 대단히 의문스러운 점이다. 천황 개인은 때로는 궁궐에서 쫓겨나고, 유배를 당하고, 죽임을 당하고, 어떤 때는 동시에 두 명의 천황이 생기기도 했다. 뿐만 아니라 서로 죽고 죽이는 내분은 물론이고, 2백 년 넘게 갇혀 사는 미라 생활을 강요당하기도 했다.

천황 개인은 이 숱한 곤란 속에 표류하면서 엄청난 상처를 입는다. 그러나 천황 가문은 임시 휴업은 했을 망정, 영원한 폐점을 하지는 않았다. 이것이 어찌 보면 수수께끼이기도 하다. 무사계급은 자기 실력으로 대권을 장악했음에도 무엇 때문에 천황가를 폐지하고 스스로 천황이 되려고 시도하지 않았을까? 왜 그랬을까? 천황가의 이 끈질긴 생명력은 도대체 어디서 온 것일까? 이제부터 이 수수께끼를 풀어보기로 하자.

먼저 가장 중요한 이유로 종교적인 문제가 거론된다. 무사정권인 가마쿠라나 무로마치, 도쿠가와시대를 불문하고 모든 무사들의 신앙은 일반적으로 신도(神道)라는 토착종교였다. 이들 무사들이 깊이 믿었던 것은 바로 이 신도의 신들이었다. 이 신들은 원래 원시적인 신이었지만, 가마쿠라 막부가 들어선 중세 이후에는 천황과 밀접한 관련을 갖는 신도의 신으로 모습을 바꾸게 된다.

예를 들면 이런 것이다. 한국의 속리산에는 임금님이 행차할 때 나뭇가지를 들었다 해서 '정일품'을 하사받은 소나무가 있고, 유럽에는 하도 맛이 좋아서 '등심 경(卿)'이라는 귀족 칭호를 받은 쇠고기가 있듯이, 일본에는 농업의 신을 모신 이나리 신사(稻荷神社)에 천황이 '正一位(정일품)'라는 칭호를 하사한다. 또한 원래 곡물신을 모시던 하치만 신사(八幡神社)도 나중에는 오우진 천황의 신령을 모시는 곳으로 바뀌게 되는데, 가마쿠라 막부를 창시한 미나모토 씨 일족을 필두로 해서 많은 무사들이 이 신사를 가장 높이 받들었다.

이들 신사에 모신 이런저런 신들은 일본 최고의 신인 아마테라스오오미카미 밑에 딸린 손아래 신에 해당되며, 이런 신들을 받드는 신사의 최고 제사장은 일본 최고의 신인 아마테라스오오미카미의 후손에 해당하는 천황이었다. 따라서 신사의 신을 받드는 무사의 입장에서 보면, 천황은 자기네가 모시는 신과 깊은 관계가 있는 셈이 된다. 물론 이는 종교적인 문제이므로 정치와는 차원을 달리한다. 그러나 대권을 장악한 무사정권인 막부가 천황의 권력을 완전히 부정하는 것은 가능해도, 종교적 권위까지 부정하는 것은 불가능했다. 따라서 장군은 속세의 권력을 한 손아귀에 장악할 수는 있어도, 종교적인 권세를 탈취할 수는 없었던 것이다.

이런 이유 대문에 도쿠가와시대에 일본에 거주한 어느 서양인이 이렇게 말할 수 있었던 것이다.

"일본 사람들은 자신을 신의 직접적인 후예로 믿거나 뜨는 그런 신념에 의해 자기 자신을 대단히 고귀하고 명예로운 자로 믿고 있다. 이러한 국민은 그 특질상 종교상의 관례와 의무를 자신이 지는 것으로 생각하고, 더구나 이를 지극히 중대한 것으로 생각한다……. 일본인이 자신들의 기원에 대해 이처럼 황당무계한 전설을 굳게 믿고 이를 고집하는 한, 일본인은 일본 국민의 선조를 최고의 신으로 존경하며 이에 봉사하지 않으면 안 된다는 결과를 낳는다. 천황을 일본 최초의 창시자인 아마테라스오오미카미의 진정한 자손으로 인정하는 한, 일본인은 하늘 위에 살고 있는 선조의 가르침인 신도의 가르침을 결코 소홀히 할 수 없다."

이런 종교적인 이유가 '한 번 천황을 영원한 천황'으로 만들었는데, 여기에 또 다른 이유가 더해진다. 사상적인 이유가 그것이다. 무사사회는 선조를 높이 모시고, 가문을 가장 중시했다. 따라서 무사집안의 기둥이 되는 자는 이러한 관습과 사상을 파괴해서는 안 되었다. 이런 정서적인 전통이 일본에서 가장 오래되고 가장 높은 가문인 천황가를 존중하도록 만든 것이다. 곧 무사정권은 자기가 천황을 없애려 든다면, 자기 통솔하에 있는 부하 무사들 또한 자기를 업신여기고 없애려 들 것이라고 생각하였다. 치안이 약간만 더지러워도 반무사정권적인 세력들이 천황을 받들고 칼검을 높이 들었던 역사를 모를 리 없는 무사정권으로서는, 천황을 볼모로 잡고 음모의 씨앗을 끊어내며, 그 대신 통치의 대

4장 되살아나는 신화 | 147

권을 장악하는 것이 훨씬 이익이었던 것이다.

　게다가 종교적인 권위를 독점하고 있는 천황은 과거 유럽의 교황과 같은 존재였다. 즉 유럽의 국왕들이 교황의 권위에 의해서 자신의 왕위를 보증받았듯이, 일본의 무사정권은 천황에 의해서 정통성을 인정받았던 것이다. 손익계산으로 따진다면, 천황의 권력은 빼앗고 권위는 이용하는 편이 정국의 안정을 도모할 수 있는 좋은 방안이었던 셈이다.

　전국시대의 강력한 실력자 오다 노부나가, 도요토미 히데요시, 도쿠가와 이에야스가 몰락한 천황가를 서서히 부흥시킨 것도 천황의 권위를 이용하기 위해서였다. 전국시대에는 천황가의 전통적인 권위도 무시되고 영락할 대로 영락했다. 그런데 전란을 수습하고 전국을 통일한 후 질서를 재건하고자 했던 노부나가나 히데요시·이에야스와 같은 봉건 실력자들에게, 신분의 상하·귀천을 명백히 구분하는 것 외에 질서를 재건하는 원리란 있을 수 없었다. 그렇기 때문에 그들은 인간의 상하·귀천의 정점에 있었던 천황가를 존속시켰던 것이다. 다른 것은 몰라도 천황의 권위만은 도무지 어쩌지 못했던 이유가 여기에 있다.

　이외에 '한 번 천황을 영원한 천황'으로 만든 또 다른 유력한 원인은, 일본에는 왕조 교체를 정당화하는 이론이나 사상이 없었다는 점이다. 이것이 한국이나 중국과 결정적으로 다른 점이기도 하다. 중국의 지배적인 정치·도덕이론이었던 유교에는, 하늘의 명을 받은 자가 황제가 되고 하늘의 명을 잃은 황제는 망해서 새로운 왕조가 만들어진다고 하는 이른바 역성혁명사상이 있었다.

　일본의 지배계급이나 지식인도 고대 이래로 유교를 열심히 배

도쿠가와 이에야스와 함께 역성혁명에 관한 이론을 연구했다는 하야시 라잔. 그러나 이들은 역성혁명을 실행에 옮기지는 못한다.

워서 "하늘에 두 개의 태양이 없듯이, 백성에게는 두 명의 왕이 없다"는 이론을 일찍 받아들였다. 그러나 이들은 '태양을 바꾸는' 혁명이론단은 결코 받아들이려고 하지 않았다. 도쿠가와 막부의 창시자인 도쿠가와 이에야스는 1612년에 그의 사상·문화정책 고문 하야시 라잔(林羅山)과 역성혁명에 관한 이론을 연구한다. 그러나 천황 폐지를 실행에 옮기지는 못한다. 도쿠가와 이에야스는 자신이 '역성혁명'을 하게 되면, 이것이 또한 씨앗이 되어 자신에 대해서도 혁명사상을 품게 될까 두려웠을 것이다.

결국에는 이러한 이유로 '백성에게는 두 명의 왕이 없다'는 믿음과 함께 '일본에는 천황이 될 수 있는 두 개의 성씨가 없다'는 원리도 자리잡게 된 것이다.

이처럼 왕조가 바뀌지 않는 일본적인 전통을 중국의 황제들은 일찍부터 부러워했다. 중국의 송나라 시대에 씌어진 역사책에는 일본을 기록한 〈일본전〉이란 항목이 있는데, 그 안에 다음과 같은 당나라 태종의 탄식이 보인다.

"일본의 국왕은 하나의 성씨가 끊김이 없이 대대로 이어지며, 신하들도 자기 관직을 후손에게 대대로 전한다는 얘기를 듣고 탄식하며 재상에게 이르기를 '일본은 섬나라 오랑캐에 지나지 않는다. 그런데도 대대로 내려온 왕권이 아주 오래되었고, 신하 또한 그 직위를 세습해서 끊김이 없다. 이는 오직 옛날에나 있었던 바람직한 일이다……. 짐의 덕은 고대의 성왕에 비해서는 부끄러울 뿐이나, 항상 밤낮으로 두려운 마음을 가지고 통치의 근본이 되는 것을 강구해서 감히 휴식을 취함이 없다.'"

'하나의 성씨가 끊김이 없이 대대로' 이어진 일본의 천황가를 부러워하며 탄식했을 정도니, 만일 당 태종이 이로부터 1천 년이 넘는 그 후의 일까지 알았다면 또 무슨 장탄식을 했을까?

넘볼 수 없는 천황가의 권위, 따라서 없앨 수 없는 천황가! 대권을 장악한 무사정권 아래서도 천황가는 이렇게 해서 살아남을 수 있었던 것이다. 무사정권은 무사정권대로 어쩌지 못하는 천황가를 남겨둔 채 오로지 그 권위만을 이용할 뿐이었고, 천황가와 무사정권 사이에 성립된 이런 패턴은 그 후에도 두고두고 영향을 미치게 된다.

때는 1945년 8월, 일본은 태평양전쟁에서 참담한 패망을 하게 된다. 당시 정치의 전면에 등장했던 천황 히로히토는 대권을 통 째로 장악한 일본 최고의 권력자이자, 태평양전쟁의 최고사령관 이기도 했다. 따라서 천황은 '패장'이었다. 초토화된 일본 땅을 밟은 점령군 총사령관 맥아더는 '전범 히로히토의 처형'을 포함 하여 천황제를 폐지하라는 미국 국내 및 연합국의 압력과 여론에 직면하게 된다. 그러나 맥아더가 선택한 것은 천황의 처형도 천 황제의 폐지도 아니었다. 미국 정부는 천황제를 폐지하는 대신 오히려 살려둠으로써 그 권위를 이용해서 점령통치를 원활히 수 행해나가는 길을 선택하였다. 예전 무사정권의 방식과 똑같은 길 이었다.

'한 번 천황은 영원한 천황!' 결국에는 미국도 이 신화에 따라 갈 수밖에 없었는지 모를 일이다.

무덤 위에 핀 천황

　무사계급이 권력을 장악한 도쿠가와시대 260여 년 간 천황은 교토에 유폐된 채 숨을 죽이고 있었다. 일반사회와 격리된 것은 말할 나위도 없다. 이런 천황이 정치의 전면에 재등장하게 된 것은 일본이 근대사회로 들어가는 메이지유신을 통해서였다. 메이지유신을 '왕정복고'라고 부르는 것도 이 때문이다. 그러나 천황이 돌아오기는 했지만, 문제는 하나 둘이 아니었다. 권좌에서 밀려나고 일반사회와도 격리된 채 보낸 몇백 년 간의 공백은 무시할 수 없는 것이었기 때문이다. 대부분의 일본인에게 천황은 이미 눈에 보이지 않는 생소한 존재로 변해버린 상태였다.
　당장 무사정권의 권력자인 장군에 대해서는 많은 사람들이 잘 알고 있었으나, 천황에 대해서는 그렇지 못했다. 궁궐이 있던 교토나 그 인근 지방 사람들은 물론이고, 교토에서 멀리 떨어지면 떨어질수록 천황과의 거리감은 더 크기만 했다. 학자와 같은 유식한 일본인들은 이런저런 책을 통해서 천황의 존재와 그 의미를

메이지 천황과 황후의 행렬. 260년 간 교토에 유폐된 채 숨을 죽이고 있던 천황은 근대사로 들어가는 메이지유신을 통해, 역사의 전면에 화려하게 복귀하였다.

알고 있었으나 대부분의 일본인들은 그렇지가 못했다. 고작해야 교토에 이런저런 '고귀한' 사람이 있다는 정도로만 알고 있을 뿐이었다. 그래서 메이지시대 정치가들은 미라 상태에서 회생한 천황을 전국에 알리기 위해 화려한 컴백 리사이틀을 준비하게 된다. 메이지유신이 일어나는 1868년 그해 첫 번째 손을 댄 것은 선전문을 통한 대대적인 천황 홍보 작전이었다.

교토에서는 이런 선전을 한다.

"일본은 신의 나라로서, 세계에서 가장 뛰어난 나라이다. 천황은 신의 자손으로서 이 나라를 개국한 분이다. 따라서 이 나라에 있는 모든 것은 전부 다 천황의 것이다. 사람이 태어나면 천황의 물로 몸을 깨끗하게 씻고, 죽으면 천황의 땅에 묻힌다. 먹는 쌀이나 옷이나 모자, 지팡이 모두가 천황의 땅에서 나오는 것으로, 이것이 있기 때문에 만백성이 편히 살아나갈 수 있는 것이다."

대충 이런 식이다. 천황이 거주하고 있는 곳인 교토 사람들에게도 이런 홍보가 필요했을 정도로 천황의 실체는 생소했던 것이다. 이 정도니 다른 지방은 말할 것도 없다. 변방에 있는 어느 지방에서는 이런 선전을 하기도 했다.

"천황은 이 세상이 시작될 때부터 일본의 주인이셨다. 한 치의 땅이나 한 명의 일본인이라도 천황 것이 아닌 게 없다. 천황은 일본인의 어버이로서, 일본에서 태어난 사람은 모두가 한결같이 천황의 자식인 것이다."

나가사키에서는 이런 문구조차 보인다.

"천황이란 분이 계신데, 이분은 옛날부터 조금도 변함없는 일본의 주인님이시다. 하늘에 태양이 있는 것과 마찬가지로 우리 일본에는 이분이 계시다. 단지 7, 8백 년 전인 옛날부터 세상이 혼란스러워 이런저런 자들이 천황의 지배권을 빼앗았던 것이다. 그러나 이제 천황께서 다시 직접 정치를 하시게 되었으니, 이처럼 좋은 시대에 살게 된 자들은 그 얼마나 행복한가! 이런 감사함을 깊이 새겨서, 매일 천황이 계신 곳을 향해서 절을 올리도록 하라."

이처럼 메이지유신이 일어나는 해부터 일본 전국에는 천황을 홍보하기 위한 여러 종류의 선전문들이 나돌았다. 하나같이 천황을 알리기 위한 것들이다. 물론 이 선전물들은 그냥 알리는 데 그치지 않고 천황의 역사가 세계에서 가장 존귀하며 한 점의 흠도 없이 가장 뛰어나다고 찬미하였다. 천황은 신의 약속에 의해 이 세상을 지배할 운명을 받을 만큼 고귀한 존재라고 선전한 것이다. 뿐만 아니라 태양빛이 비치지 않는 땅이 없고 태양의 은덕을 입지 않는 생물이 없듯이, 천황의 덕이 미치지 않는 곳이 없고 천황의 은덕을 입지 않는 일본인이 없다는 사실을 주지시켰다. 그래서 전국의 모든 일본인들에게 천황이 거처하는 곳을 향해 절을 하도록 명령하기도 했던 것이다.

매사에 철저하고 주도면밀한 일본인들은 천황의 복귀를 위한 리사이틀 역시 이처럼 철저하고 주도면밀하게 계획하고 진행하였다. 권력이 천황의 손으로 돌아왔다고 해서 얼렁뚱땅 만사가 끝났다고 생각하지 않았음을 알 수 있다. 참으로 용의주도한 일본인이라고 하지 않을 수 없다. 물론 이것으로 천황의 컴백 리사이틀이 끝난 것은 아니었다. 정치가들은 여기서 한 발 더 나아가 또 하나의 교묘한 홍보전략을 구사하였다. 왕정복고를 이루기는 했지만, 정치가들에게는 아직 미흡한 존이 보였던 것이다. 가장 큰 문제는 천황이 사람들 눈에 보이지 않는다는 점이었다. 왕정복고를 피부로 느끼도록 만들기 위해서는, 어떻게 해서든 '이 사람이 바로 그 천황'이라는 사실을 보여줄 필요가 있었다. 이렇게 해서 메이지 천황은 교토의 궁궐을 벗어나 사람들 속으로 걸어가기 시작한다.

1868년 9월, 대대적인 천황의 행렬이 처음으로 향한 곳은 에도(지금의 동경)였다. 천황은 3천3백여 명의 수행원을 거느리고 교토에서 에도에 이르는 20여 일 간의 기나긴 행로를 서서히 전진해 나갔다. 천황이 에도를 향한 것은 이때가 처음이었다. 정치적 효과를 노린 이 행차는 이것만으로도 이미 역사적인 사건이었다. 가마 속에 들어앉아 있기 때문에 천황의 얼굴이 보일 리는 없었지만, 대대적인 천황의 행차는 일본인들에게 불가사의한 두려움과 경외감을 안겨주었다.

정치적 효과를 노린 행렬인지라 가는 곳마다 이런저런 이벤트도 마련되었다. 천황은 각지에서 노인들이나 재난을 만난 자들을 구제하고 효자나 효부 등을 표창하는 등, 조정의 은덕을 베풀었던 것이다. 눈에는 보이지 않지만 가까이 다가온 천황이 눈에 보이는 은혜를 베풀었으니, 효과는 좋을 수밖에 없었다.

이로부터 2년 6개월이 지난 1870년, 드디어 천황은 군대 열병식에 참가하기 위해 대중 앞에 처음 얼굴을 내밀었다. 이후로도 천황은 전국 방방곡곡을 순회하며 대중 속으로 들어간다. 목적은 오로지 하나였다. 사람들 앞에 모습을 보여줌으로써 국민들의 마음을 사로잡으려는 것이었다. 이 시도는 먹히기 시작한다.

천황이 처음으로 변경 지방에 갔을 때 천황을 대하는 일본인들의 태도는 '엉망'이었다. 천황을 환영하는 인파가 있는 반면, 다른 한편에서는 농부나 여자들이 진흙 위에 맨발로 앉아 있기도 하고, 심지어는 젖가슴을 드러내놓고 벌거숭이 어린애에게 젖을 먹이는 부인도 있을 정도였다. 천황에 대한 경외감은 둘째 치고, 심드렁한 사람들이 적지 않았다. 그러나 전국 순회가 계속됨에

천황의 지방 순행. 메이지유신 이후 천황을 홍보하기 위한 일환으로 대대적으로 거행된 지방 순행은 일본인들에게 불가사의한 두려움과 경외감을 안겨주었다.

따라 천황을 갖는 일본인들의 태도는 눈에 띄게 달라진다. 천황을 우러러보게 된 것이다. 이런 현상은 전국 구석구석에까지 퍼지게 되었다. 천황의 컴백 리사이틀이 성공적인 단계로 접어든 셈이다.

그러나 이것만으로도 충분치 않았다. 그래서 컴백 리사이틀을 위한 세 번째 무대가 마련된다. 이때 동원된 것은 선전문도 천황의 행차도 아니다. 마지막 비장의 카드는 '천황의 사진'이었다. 물론 선전문이나 천황의 행차도 유용한 수단이었으나, 한계가 있었다. 선전문은 글로만 이루어졌고, 천황의 행차는 전국을 다 돌 수 없는 제약이 있었다. 게다가 천황의 행차 뒤에는 그림자도 남지 않았다. 그래서 천황이 없는 빈 공간을 메우기 위해 그 자리에 사진이 걸리기 시작하였다.

여기에도 우여곡절이 있다. 메이지 천황은 몇 차례 걸쳐 사진을 찍었다. 이미 이 시기가 되면, 나라간에 우호친선의 뜻으로 국가원수의 사진을 주고받았고, 또한 이는 일본이 독립국가임을 나타내는 상징물이기도 했다. 그러나 측근들이 보기에 천황의 사진이 도무지 성에 차지 않았다.

1872년에는 일본의 전통의상과 모자를 쓰고 의자에 앉은 채 사진을 찍었으나, 젊고 깡마른 천황의 모습은 볼품이 없었다. 그 다음해인 1873년에 찍은 사진은 서양식 군복 차림에 머리도 서양식 하이칼라로 바꾼다. 그리고 칼을 한 손에 쥐어보기도 하고 양손에 쥐어보기도 하는 등 여러 포즈를 취해보았지만 그게 그거였다. 한마디로 영 사진발을 받지 않았다. 그래도 사진이 필요한지라 어쩔 수 없이 성에 차지 않는 사진을 여기저기에 배포한다. 천황도 자기 사진이 영 맘에 안 들었는지, 이후로는 통 사진을 찍지 않았던 것 같다. 그러다가 1888년에 이르러 멋들어진 한 장의 사진이 세상에 등장한다. 키요소네(Chiossone, Edoardo)라는 이탈리아 동판 화가가 메이지 천황을 위풍당당하고 근엄한 모습으로 동판에 새기고 이를 카메라로 복제한 사진이었다. 이 사진이 일본의 구석구석에까지 배포되었다.

효과는 대단했다. 볼품없는 사진이든 멋들어진 사진이든 사람들은 천황의 행렬을 우러러보았듯이, 나중에는 천황의 사진을 우러러보며 경례를 하기에 이른다. 사진을 함부로 소유하거나 매매하는 것이 금지되어 어떤 사람은 천황의 사진을 복사해서 팔다가

메이지 천황을 홍보하는 데 사용된 사진. 위쪽이 1872년, 아래 왼쪽이 1373년 촬영한 것이며, 1888년 촬영한 아래 오른쪽 사진이 이탈리아 동판화가인 키요소네가 새긴 것을 카메라로 복제한 것이다. 이후 천황의 사진은 일본인이 있는 곳이면 어디서나 높은 곳에 배치되어 숭배의 대상이 되었다.

벌금형에 처해지기도 한다. '성스런' 사진을 함부로 취급한 죄 때문이다. 천황의 사진이 살아 있는 천황의 화신으로 자리잡아 간 것이다. 그리하여 1880년대 후반에 이르면 군대, 관공서, 초등학교에 이르기까지 일본인이 있는 곳이던 어디서나 천황의 사진이 높은 곳에 배치되어 숭배의 대상이 되었다. '천황의 사진=살아 있는 천황'이라는 관계가 성립된 것이다.

이러다 보니 사람들은 사진을 다치게 하는 것은 곧 살아 있는 천황을 다치게 하는 것과 같다고 생각하기 시작했다. 1898년 화재로 천황의 사진을 태워버린 교장선생이 책임감을 느끼고 자살한 것도 이 때문이었다. 이외에도 천황의 사진을 구하려다 불에 타 숨진 교장선생이 한두 사람이 아니었다. 유족의 입장에서는 저주를 부른 사진이었으나, 거꾸로 보면 메이지시대 정치가들의 의도가 제대로 적중해 들어간 셈이었다.

잊혀졌던 천황은 이렇게 해서 다시 살아나 일본인들 속으로 침투해 들어가기 시작한다. 철저하고 주도면밀한 컴백 리사이틀은 결국 미라에 가까웠던 천황에게 중앙집권적 절대군주라는 새로운 생기를 불어넣어 준 것이다. 그야말로 무덤 위에 핀 천황이라 할 수 있을 것이다. 그런데 이때까지만 해도 천황의 컴백 리사이틀은 순전히 일본 국내문제였다. 일본은 일본대로 서양세력과의 대결이라는 과제를 껴안고 있었기 때문이다. 천황을 중심으로 한 부국강병 국가의 구현과 독립국가의 달성은 이 때문에 필요한 숙제이기도 했다. 그러나 그 과정에서 천황의 정부는 이웃 국가를 기웃거린다. 침략의 음모가 진행되기 시작한 것이다.

천황의, 천황에 의한, 천황을 위한 나라

　메이지유신을 통해서 다시 권좌에 오른 천황! 이때부터 1945년 패망에 이를 때까지 일본의 천황은 122대 메이지, 123대 다이쇼, 124대 쇼와로 이어진다. 이 중에서 특히 메이지와 쇼와는 우리 귀에 익은 이름이다. 이는 일본인들에게도 마찬가지다. 123대 다이쇼는 정신적인 장애를 가졌던 천황으로, 다른 두 천황에 비해서 그다지 사람들의 입에 오르내리지 않는다. 그러나 무엇보다 메이지와 쇼와 두 천황이 회자되는 이유는 이들이 일본의 '영욕'과 함께 명멸한 때문일 것이다. 하여튼 천황가는 컴백 리사이틀을 통해 무덤 위에서 극적으로 피어났다. 그런데 여기서 우리의 궁금증을 끄는 것은 이때 천황은 도대체 어떤 힘을 얼마나 갖고 있었을까 하는 점이다. 전제적인 군주제였으니까 대단하긴 했을 텐데, 구체적으로 얼마만큼이었을까?
　메이지 일본이 처음부터 잡음 없이 군주제로 갔던 것은 아니다. 일본은 공화국이라는 전혀 새로운 운명을 가질 기회가 있었다. 메이지유신을 주도한 세 명의 걸물 가운데 오오쿠보(大久保利通)라는 인물은 초기 메이지 일본을 건설한 실력자다. 그는 당장에 전제적인 군주정치는 불가피하다고 생각했으나, 민주정치의 원리적인 정당성을 인정하였으므로 일본이 문명개화하고 진취적으로 변하는 장래에는 군주정치를 고수해서는 안 된다는 미래구상을 가지고 있었다. 이때가 1870년대 초엽이니까, 메이지유신으로부터 불과 2년 뒤의 일이었다. 그의 구상은 당시로서는 획기적인 민주정치 긍정론이자 군주정치 폐지론이었다. 그러나 그가 살아 있는 동안 이 문제는 정치일정에 오르지 못하다가, 1880년대 초에 이르러서야 그런 기회가 찾아온다.

1881년 10월, 정부의 관료전제적인 지배에 저항하는 민권운동에 밀려서 천황과 일본 정부는 10년 후 헌법을 제정하겠다는 약속을 한다. 그러나 '헌법은 천황이 정한다'고 아예 못박아버린다. 헌법제정이 구체적인 정치일정에 오른 이후부터 일본 정계는 주권논쟁에 휘말려 들어간다. 정부는 군주주권론 반대진영에 극심한 탄압을 가했지만, 민간세력은 군주주권론을 반대하는 대열로 모여든다. 그러나 1889년 제정된 헌법의 뚜껑을 열어젖힌 순간, 그 안에서는 절대적인 군주주권론이 얼굴을 내민다.

"만세일계(萬世一系)의 천황이 대일본제국을 통치한다."

천황주권으로 결론이 난 것이다. 메이지헌법이 탄생하는 순간이다. 헌법제정에 가장 깊이 관계했던 이토 히로부미(伊藤博文)는 '권리와 의무'에 대해서 이렇게 쓰고 있다.

"아랫사람은 천황에게 복종해야 하며 이를 행복한 신민(臣民)이라 한다."

주권은 생각 말고 행복한 신민이 되기 위해서 천황에게 복종할 것을 먼저 생각하라는 의미다. 이 주권 조항은 패전 후 "천황은 일본국의 상징이고 일본 국민 통합의 상징이며, 이 지위는 주권을 지니는 일본 국민의 총의(總意)에 근거한다"고 한 신헌법과 커다란 대조를 이룬다.

천황이 어떤 권한을 가지고 있었는지는 이 메이지헌법 안에 고스란히 들어 있다. 간단히 말하면 천황은 법을 만드는 권한을 행사하고 의회의 소집·개회·폐회 및 해산을 명한다. 천황은 내각의 관료를 임명하고 파면한다. 천황은 육·해군을 지휘한다. 천황은 무엇 무엇을 한다 등등. 모든 것이 천황이 아니면 불가능할 정도로 온갖 권한이 오로지 천황 개인에게 부여된 것이다. 장관이란 자들은 오직 천황을 보필하고, 오로지 천황에 대해서만 충성의 의무와 책임을 갖도록 되어 있다. 국민주권이나 국민에 대한 책임은 코빼기도 안 비쳤다.

메이지 일본은 이 헌법에 입각해서 1890년 의회의 문을 연다. 비유럽 국가로서는 최초로 의회제도를 도입하는 순간이다. 그러나 말은 입헌군주제라 하지만 거기에는 국민이 빠져 있었으니, 한마디로 일본은 '천황의, 천황에 의한, 천황을 위한' 나라였다. 이는 나중에 웃지 못할, 어쩌면 일본인에게는 비극적인 해프닝을 야기하는 계기를 만든다.

헌법 제정으로부터 40여 년이 지난 1928년 8월 27일 파리에서는 1차 세계대전의 참극도 있던 터라, 많은 나라 대표들이 모여 "앞으로는 전쟁을 하지 않겠다"는 약속을 주고받았다. 미국, 영국, 프랑스, 독일 그리고 일본 등 세계의 많은 나라들이 이 '전쟁

메이지헌법 반포식. 메이지헌법은 '만세일계의 천황이 대일본제국을 통치한다'라고 하여 천황주권을 확실하게 못박았다.

포기에 관한 조약'에 서명을 한다.

그런데 이로부터 꼭 10개월 후인 1929년 6월 27일, 갑자기 일본 정부는 한 통의 선언서를 발표한다. 파리에서 체결된 '전쟁포기에 관한 조약' 제1조를 문제삼고 나선 것이다. 제1조에는 "국제분쟁 해결을 위해 전쟁에 호소하는 것은 불법이다. 또한 전쟁을 포기할 것을 각자 인민의 이름으로 엄숙히 선언한다"고 명시되어 있는데, 일본 정부는 여기서 '인민의 이름으로'라는 부분이 도무지 켕겼던 모양이다. 그래서 다음과 같은 선언서를 발표하기에 이른다.

"'인민의 이름으로'라는 문구는 제국헌법의 조항에 입각해서 볼 때, 일본에 한해서는 적용되지 않는 것으로 이해하고 있음을 선언한다."

'천황의 이름'으로는 못할 것이 없지만, 천황주권에 대드는 '인민의 이름'은 안 된다는 것이다. 이 허프닝은 당시 천황의 권한이 어느 정도였는지 그 실체를 함축적으로 대변해주고 있다. 이 선언을 접한 국제사회의 반응에 대해서는 아는 바가 없지만, 코미디로 비칠 수밖에 없는 일이다. 국가의 주권이 온통 한 사람에게 집중되어 있는 판이니, 다른 것들은 미루어 짐작이 될 것이다. 군대도 '천황의 군대'이지 결코 '국민의 군대'가 될 수 없었다.

1882년 1월에 천황은 군인들을 향한 칙유(천황의 가르침)를 발표한다. 이 〈군인칙유〉는 먼저 일본의 군대는 초대 진무 천황 이래로 천황만이 통솔한다고 가르친다. 그리고 이어서 천황은 병마의 대권을 다스리는 군인의 대원수이기 때문에, 천황은 군인을 팔다리와 같이 의지할 것이고, 군인들은 천황을 머리처럼 받들어 모셔야 하며, 군인은 천황의 명령에 무조건 즉시 복종하고, 또한 상관의 명령도 천황이 직접 명령한 것으로 생각해 무조건 복종하라고 가르친다.

훗날 일본의 제국주의 군대가 정부의 통제를 무시하며 폭주하게 된 근원이 여기에 있다. 자기네는 천황만 받들고 그의 명령에만 복종하면 되기 때문이다. 잘못한 놈이 큰소리친다더니, 정부가 군 문제에 대해서 이러니저러니 하게 되면 군부는 정부가 천황의 대권을 침범하고 있다고 규탄하기 일쑤였다. 또한 '천황의 명령'은 할복을 해서라도 감당하지만, '정부의 지시'에는 사사건건 토를 달았다. 작전에 성공해도 천황을 위한 것이었고, 작전에 실패해도 천황을 위하려다 그렇게 된 셈이 된다. 이들은 천황을 단 한 번도 만난 적이 없으면서, 툭하면 '천황 폐하의 마음'을 들먹이며 이를 방패로 삼는다. 이런 군부의 태도는 나중에는 황실의 핵심 관련자들마저 짜증나게 만든다.

군인뿐만 아니라 일본인들도 오로지 '천황을 위한 국민'이 되어야 했다. 따라서 교육의 근본정책은 '존왕애국'의 정신을 가진 일본인 양성이 목적이었다. 어린 시절 다른 생각이나 가치관이 자리잡기 전에 '충효의 대의를 제일 먼저 뇌리에 박히도록' 하는 교육을 전개한 것은 이 때문이다. 이를 실현하기 위해 교육정책을 장악하려고 했던 것은 두말 할 나위가 없다. 1889년에 반포된 천황의 〈교육칙어〉는 이러한 목적을 달성하기 위한 교육지침이었다.

"일본 신민들은 충효사상으로 모두가 한 마음 한 뜻이 되어 헌법을 받들고 준수해서, 국가에 변이 발생했을 시는 모두가 국가를 위해 의용을 떨쳐야 한다. 이를 통해서 황운(皇運)을 도와야 하며, 이 길은 천황가 조상이 남긴 가르침이기도 하고 모든 신민들이 지켜야 하는 바이기도 하다."

〈교육칙어〉의 결론은 "너희 신민들은 전쟁시에는 충의의 마음을 떨쳐 일으켜서 용감하게 천황을 위해 싸우며, 이를 통해서 천지와 함께 무궁한 천황의 번영을 돕도록 하라"는 데에 귀착된다. 당시 일본의 모든 학교에서는 천황의 사진과 함께 이 〈교육칙어〉를 봉안전이라는 작은 건물에 모셨다. 학생들은 이 앞을 지날 때 옷매무새를 고치고 90도로 절을 하지 않으면 안 되었다. 또한 행사가 있으면 반드시 천황 사진을 향해서 절을 하고, 교장선생이 직접 〈교육칙어〉를 낭송했다. 한때 우리가 〈국민교육헌장〉이란 것을 달달 외워야 했듯이, 일본인들은 이 〈교육칙어〉를 달달 외우지 않으면 안 되었다. 천황에게 충성스런 일본인을 만들기 위한 철저하고 지독한 의식화 교육은 이렇게 이루어졌다. 일본인들은 이런 과정을 거쳐서 '천황의, 천황에 의한, 천황을 위한' 나라에 모든 것을 바쳐야 했던 것이다.

그럼 그 결과는 어떻게 나타났을까? 메이지시대 어느 영국인이 일본 학생들을 향해서 이런 질문을 했다.

"이 세상에서 가장 원하는 것이 무엇이냐?"

그러자 대부분의 학생들이 "천황 폐하를 위해서 죽는 것입니다"라고 대답했다고 한다. 메이지유신을 통해서 다시 권좌에 오른 천황은 이제 더 이상 오를 데가 없는 데까지 오른 것이다. 모든 대권을 손아귀에 장악한 천황의 모습은 바로 이런 것이었다. 1945년 8월 15일, 라디오를 타고 흘러나온 히로히토의 항복 성명서에는 "일본제국 신민으로서 전선과 직장에서 죽어가며 비명에 쓰러진 자와 그의 가족을 생각하면 오장이 찢어진다"는 대목이 있다. 이 말은 진실이다. '천황의, 천황에 의한, 천황을 위한' 나라에 태어난 일본인들은 태평양전쟁 때문에 뭐가 뭔지도 모른 채 부모형제와 처자를 그리워하며 죽어갔기 때문이다.

　메이지유신을 통해서 다시 권좌에 오른 천황, 한마디로 그는 모든 것을 가진 절대군주였다. 진정한 의미에서 국가의 주권이 일본 국민에게 돌아오려면 태평양전쟁이 끝난 뒤까지 기다리지 않으면 안 되었다.

군화 신은 천황

 반세기 전만 해도 천황은 군복 차림을 한 군인이었다. 그러나 군복 차림의 천황은 무조건항복을 최종 결정했던 1945년 8월 14일 마지막 어전회의 때의 모습을 마지막으로 사라졌다. 그리고 지금 우리들이 목격하는 천황은 양복 정장 차림에 미소를 머금고 있다. 1945년 9월 27일 점령군 총사령관 맥아더 옆에 서 있는 양복 차림의 왜소한 천황이 그 시발점이다.
 천황은 왜 군화를 신고 군복을 입게 됐을까? 군국주의 일본을 통치했던 천황으로서 군인 복장을 하는 것은 당연한 일인지도 모른다. 히틀러나 무솔리니 등을 보아도 그렇다. 그러나 한 가지 의문이 남는다. 만일 일본이 군국주의의 길을 걸어가지 않았다면, 천황은 군화를 신지 않았을까 하는 점이다. 미국의 루스벨트 대통령도 영국의 처칠 수상도 군화를 신지 않았듯이 말이다. 사무라이들이야 원래 군인이었으니, 이들이 창검 대신 군화를 신고 총칼을 잡은 것은 당연한 일이다. 그러나 천황은 다르다. 사무라

1943년 대원수군복 차림에 군화를 신은 히로히토의 모습. 군인 복장을 한 천황의 모습은 군국주의로 치달은 일본의 수수께끼를 푸는 하나의 열쇠이기도 하다.

이 복장을 하지 않았던 궁궐의 천황이, 국가의 대권을 송두리째 독점한 메이지유신 이후 군인 복장을 한다. 왜일까? 군국주의로 치달은 일본, 그 수수께끼를 푸는 열쇠가 부분적으로는 여기에 숨어 있기도 하다.

먼저 한 가지 흥미로운 대비를 소개한다. 한국과 일본의 건국신이 그 주인공이다. 우리나라에 있는 단군 영정은 어느 것이나 공통적으로 온화한 문인의 모습을 하고 있다. 단군당에 모셔져 있는 영정이나 민간에 전승되어 내려온 영정 모두가 그러하다. 이 부분에 관해서는 분단된 한국의 남과 북이 공통적이다. 1994년 10월 준공되어 한때 시끌벅적하게 보도되었던 북한의 단군릉에 안치되어 있는 단군 초상도 온화한 문인의 모습을 하고 있다. 《삼국유사》나 《삼국사기》에 그려져 있는 단군이 한결같이 덕으로 나라를 세운 건국신인 때문이기도 하다. 단군은 머리와 가슴, 팔다리에 가벼운 치장만 하고 도포를 휘두른 후덕한 문인의 모습을 보여준다. 단군의 실존 여부는 접어두더라도 우리 조상들이 그린 단군은 이 같은 모습을 하고 있고, 건국 과정과 통치의 내용도 이러한 모습에 상응하는 덕치의 건국신이었다.

이에 반해 일본의 건국신, 즉 일본 초대 천황의 모습은 단군의 모습과 사뭇 다르다. 이 건국신이 구체적인 모습을 하고 일본인 앞에 나타난 것은 메이지유신 뒤의 일이었다. 교과서를 통해서 이 신의 상상화가 처음으로 등장한 것이다. 그런데 이때 등장한 일본의 건국신은 활과 칼로 무장을 하고 있거나, 병사들을 이끌고 있는 무인의 모습을 하고 있다. 이런저런 교과서가 많다 보니, 상상화는 책에 따라 각양각색의 모습을 하고 있다. 교과서 제작자의 상상에 따라 달라지는 그림이니 그럴 수밖에 없겠지만, 한가지 측면에서만큼은 묘하게 일치를 이루고 있다. 그건 건국신이 한결같이 무장한 모습을 하고 있다는 점이다.

단군상이든 진무 천황상이든 둘 다 상상화에 지나지 않지만, 일본인 앞에 처음으로 등장한 건국신이 하필 무장한 모습을 하고

일본 교과서에 묘사된 진무 천황의 상상화. 한결같이 무장한 모습을 하고 있다. 왜 하필이면 무장한 건국신의 모습일까?

있다는 사실은 일단 흥미를 끈다. 한국의 건국신인 단군과 얼마나 판이한가! 이 모습 안에는 최초의 통치자이자 가장 상징적인 존재에 대한 이미지, 혹은 메시지가 숨김없이 담겨 있다고 할 수 있다. 그러면 왜 무장한 건국신이었을까?

옛날에는 병마와 식량을 관장하는 권한을 천하의 대권이라 하고, 군에 대한 최고 통수권은 병마의 대권이라 했다. 병사와 말에 대한 모든 군사적 권한을 손아귀에 넣었으니, 그 이상의 파워가 없는 셈이다. 도쿠가와시대에는 무사정권의 최고 우두머리인 장군이 병마의 대권을 장악하고 있었던 반면, 천황은 교토의 궁궐에 유폐되다시피 해서 살던 잊혀진 군주였다. 그러나 이런 무사정권시대에도 의식 있는 학자나 정치가들은 천황을 잊은 적이 없었다. 이들에게는 나름대로 이상적인 천황의 상이 있었다. 그것은 문무를 겸비한 천황이었다.

도쿠가와시대였던 17세기 후반, 한 지방의 정치를 담당하던 무사가 다음과 같은 글을 썼다.

"진무 천황 때부터 오우진 천황, 그 후에 이르기까지는 왕의 무위가 상당히 강했다. 그러나 점차로 문약에 빠지면서 무가 쇠퇴했다. 무인들이 교토에 있는 귀족이라고 해서 그들을 얕보게 된 것은 그 때문이다. 중국에서도 3백 년 혹은 5백 년 동안 통치가 원만했기 때문에, 그 사이에 문무가 똑같이 소중한 것을 모르게 되어 칼도 차지 않는 풍속으로 바뀌었다. 따라서 성스런 시대의 군주를 그리던서 칼을 차지 않는 모습으로 그린 것은 옳지 않다."

이 무사 정치가가 그린 이상적인 천황은 문무를 겸비한 군주였다. 곧 통치자는 문덕(文德)을 갖추는 것은 물론이요, 칼을 차서 무위(武威)를 갖출 때 진정한 통치자가 된다는 것이다. 그래서 그는 일본의 옛 무사는 문필만이 아니고, 무예에도 능했다고 본다. 이 당시 일본은 무사들이 통치하던 나라였다. 하지만 그렇다고 해서 모든 지방의 영주(大名)들이 무력에만 힘을 기울였던 것은 아니다. 그들은 문치에서도 서로 열심히 경쟁했다. 문학이나 무예에 뛰어난 학자를 경쟁적으로 초빙해서 신하로 대우한 것이 그 실례이다. 영주들은 자기 수하에 있는 신하의 자녀들이 문무 방면에서 뛰어난 재능을 갖춤으로써 자기 영지의 유능한 일꾼이 되도록 장려하였다. 그들은 무예와 학문을 잊은 적이 없었다.

그런데 이 무사 정치가는 천황가가 통치력을 상실하게 된 원인을 바로 여기서 찾는다. 그의 주장에 의하면 세상을 움직이는 양 바퀴는 문과 무이다. 그러나 일본에 불교가 전파된 이후, 천황은 무의 바퀴를 불교라는 바퀴로 갈아끼워버렸다는 것이다. 무가 없는 문은 진정한 문이 아니기 때문에, 결국 천황은 통치력을 잃어버렸다는 것이다. 이러한 천황의 문무 겸비론은 그 후에도 계속해서 등장한다.

 무를 높이 받드는 상무정신이야말로 일본 고유의 전통이라고 주장하는 일본의 학자나 정치가는 너무나 많다. 이들은 신이 천황에게 전해주었다는 세 개의 보물 가운데 거울·구슬과 함께 칼이 있다는 사실에 주목한다. 고대 일본의 천황이 변경의 소란을 평정해서 위세를 떨친 것도 이 칼의 정신을 잊지 않고 강병에 힘쓴 결과라고 강조한다. 그들에게 있어 칼은 야만적인 폭력의 상징물이 아니다. 거울이 지혜를 나타내고 구슬이 인덕을 나타낸다면, 칼은 용맹을 나타낸다고 믿는다. 그래서 그들은 신으로부터 거울·구슬·칼을 받은 일본은 지(智)·인(仁)·용(勇)의 미덕을 갖춘 나라라고 주장한다. 따라서 천황의 무장은 빠뜨릴 수 없는 일본의 3대 미덕 가운데 하나가 되는 것이다.

 메이지유신 이후 일본의 교과서에 등장한 건국신 진무 천황의 무장도 이런 논리에서 비롯된다. 유목민족은 "말 위에서 천하를 얻은 자는 말 위에서 천하를 다스려야 한다"고 말한다. 그러나 일본인들은 "말 위에서 천하를 제패한 자가 말 위에서 천하를 다스릴 필요는 없다"고 말한다. 단지 궁궐에서 천하를 통치하더라도, 천황은 무장을 해야 한다고 주장한다.

 문무의 양 바퀴는 일본인들의 통치관 속에서 절대적인 요소였다. 따라서 일본의 지배계급은 교과서 속에서만 무장한 천황을 그리지 않았다. 메이지 천황은 고풍스런 일본의 관복을 벗어버린 후, 항상 훈장으로 장식한 군복을 입고 있었다. 이유는 한 가지였다. 천황이 무장했을 때 비로소 국가를 확실하게 통치할 수 있다고 믿었기 때문이다.

1882년 1월의 〈군인칙유〉에서 천황 스스로가 "일본의 군대는 초대 진무 천황 이래로 천황만이 통솔하는 것"이라고 가르치면서, "천황은 병마의 대권을 갖고 있는 군인의 대원수"라고 강조한 것은 결코 우연이 아니다. 이런 이유 때문에 태평양전쟁에서 패망할 때까지 일본의 천황은 단 한 번도 군복을 벗은 적이 없었던 것이다.

그렇다면 패전 후의 천황은 어떠할까? 히로히토가 군복을 벗은 것은 스스로의 선택과 판단에 의한 것이 아니었다. 천황은 스스로 군복을 '벗은' 것이 아니라, 일본을 점령했던 미국에 의해서 '벗겨진' 것이다. 다시 말해 천황의 무장해제는 결코 스스로의 뜻이 아니었던 것이다. 따라서 충분히 이런 상상을 해볼 수도 있다. 만일 그들의 생각 속에 '문무의 양 바퀴'가 통치자의 절대적인 요소라는 신념이 남아 있다면, 천황이 양복에서 군복으로 갈아입는 것은 시간 문제이고 현재의 모습은 주변 국가에 대한 눈치 보기일 뿐이라는 점이다. 천황제의 마술을 경계하는 사람들은 바로 이 점을 염려한다. 게다가 다음과 같은 사례를 본다면, 이런 상상과 염려가 결코 엉뚱한 것만은 아님을 알게 된다.

현재 일본에서 자위대란 군대를 총괄하는 정부관료는 방위청 장관이다. 1973년 5월 바로 이 방위청 장관이 일본의 자위대 문제를 히로히토에게 은밀히 보고한 적이 있었는데, 이에 대한 히로히토의 반응은 다음과 같았다.

"자위대 세력이 가까운 옆 나라들에 비해 그렇게 크다고 생각되지 않는다. 그런데 신문 등에서는 마치 자위대를 거대한 조직으로 만들고 있는 것처럼 보도하고 있다. 그 점은 어떤가? 나라를 지키는 것은 중요하다. 옛날 군대가 지녔던 나쁜 부분은 배우지 말고, 좋은 부분은 배워서 확실하게 하도록 하라."

이 정도의 대답이라면, 히로히토가 일본의 군비와 주변 국가의 군비 정도를 충분히 숙지하고 있지 않고서는 불가능한 반응이라고 할 수 있다. 하기야 그는 군국주의 일본의 대원수로서 태평양 전쟁을 지휘했던 경험이 있으니, 군비 비교 정도는 식은 죽 먹기였을 것이다. '왕년의 가락'이 쉽게 사라지겠는가! 그러나 천황과 자위대의 관계는 이 정도로 끝나지 않는다.

지금에 와서는 자위대의 고위간부들이 천황을 '배알'하기까지 하는데, 이는 패전 후 일시적으로는 상상도 못하던 일이었다. 자위대가 일본 헌법에 맞느니 안 맞느니 하는 논쟁이 뜨거운 터에, 천황과 자위대의 책임자들이 만난다는 것은 민감한 문제일 수밖에 없기 때문이다. 그러던 중 1960년 9월 28일, 일본이 폐허의 잿더미 위에서 일어선 그 무렵, 처음으로 자위대 고위간부들이 천황에게 인사를 갔다. 그리고 5년 뒤부터는 자위대 고위간부들이 천황을 '배알'하는 것이 아예 공식적인 관행으로 자리를 잡았다. 한두 명이 천황을 '배알'해도 문제가 될 판국에, 무려 수십 명이 집단적으로 인사하러 찾아간 것이다. 이런 만남은 천황의 상징적인 권위가 자위대 쪽에 무게를 실어주는 결과를 낳는다. 이들은 만나서 도대체 무슨 말을 주고받을까?

히로히토는 자위대 고위간부들을 앞에 두고 이런 말을 한 적이 있다.

"자위대원들은 각자 평소에 맡은 일에 힘을 다하고 있으니 노고가 많습니다. 앞으로도 국가를 위해서 한층 노력해주기를 바랍니다."

이에 대해 자위대를 대표하는 의장은 이렇게 답사를 한다.

"이처럼 고마운 말씀을 듣게 되어서 너무 감격스럽습니다. 자위대원 일동은 새롭게 결의를 다져서 일본의 평화와 독립을 지키기 위해 전력을 다 바침으로써 천황 폐하의 뜻에 따를 각오입니다."

이 격려사와 답사가 과연 무엇을 의미할까? 천황은 '국민'이 아닌 '국가'를 위해서 노력해주기를 요청하고, 자위대측에서는 이런 천황의 의향을 받들어서 '천황 폐하의 뜻에 따를' 충성을 맹세하고 있는 것이다. 한마디로 자위대 스스로가 '국민의 군대' 이전에 '천황의 군대'가 되고자 하는 것이나 진배없다. 마치 구시대의 일본군처럼!

양복을 입은 천황은 군복을 입은 자위대와 아주 가까이 있으며, 이 둘의 거리는 점점 더 좁혀지고 있는 듯하다.

명지휘자 천황

왜소한 몸집의 히로히토를 기억할 것이다. 태평양전쟁 때까지 일본 최고의 통수권자였던 히로히토. 1948년 11월 13일자 〈뉴욕타임스〉에 "동경재판의 피고석에 한 사람의 결석자가 있다. 그는 천황이다"라고 보도된 장본인이다. 태평양전쟁에서 징용당한 조선인들은 이곳 저곳에서 강요된 임무 때문에 전범자로 몰려 처형당했으나, 정작 최고의 전범이었던 히로히토는 전범재판에서 무사하였다. 그러나 사람들은 그의 범죄를 잊지 않았다.

그럴 수밖에 없는 것이, 태평양전쟁 동안 히로히토는 고귀하고 우아하게 궁궐에나 앉아 있지 않았기 때문이다. 그는 전쟁을 지휘하는 최고사령탑 안에서 손수 지휘봉을 휘둘렀다. 게다가 그는 용이주도한 전략가이자 영악한 군사지도자였다. 그는 결코 물러터진 '제왕'이 아니었으며, 할 말 다하는 일본 군대의 대원수였다. 그가 지휘봉을 들고 작전의 허허실실을 추궁하는 장면을 보면, 몸은 왜소해도 매우 야무진 자였음을 알게 된다. 마치 원숭이처럼 왜소한 도요토미 히데요시가 한반도를 유린했던 것과 마찬가지로, 왜소한 히로히토도 결코 물러터진 자가 아니었다. 정치적으로도 마찬가지였다.

히로히토가 천황이 되고 나서 처음으로 임명한 수상은 다나카(田中義一)였다. 그런데 다나카 수상 시절인 1928년 6월에 장작림 폭사 사건이 발생한다. 이때 수상은 히로히토에게는 '이 사건의 범인은 관동군 군인'이라고 '솔직하게' 보고하고, 일반인들에게는 진상 조사중이라고 해놓는다. 그러나 사건의 진상이 점차 알려지기 시작하면서 다나카 수상은 진상 발표 압력에 직면한다. 그는 이를 끝까지 감추기 위해서 한 가지 꾀를 짜낸다. '사건의 진상은 알 수 없고, 일본군은 아무런 관계도 없다'는 내용을 공식 발표하기 위해서 천황의 허락을 받으러 간 것이다. 그러나 혹을 떼러 갔던 수상은 도리어 엄청난 혹을 달게 된다. 히로히토가 "먼젓번에는 일본군이 범인이라 해놓고서 이번에는 일본군은 아무런 관계가 없다고 말한다면, 이야기의 앞뒤가 다르지 않는가!"라고 엄하게 책망하면서, 사표를 제출하는 것이 어떠냐고 큰 소리로 나무란 것이다.

한마디로 식은땀이 흐를 만큼 엄한 질책이었고, 수상은 황송해서 어쩔 줄을 몰라 한다. 면박을 받은 다나카 수상은 거의 아무런 대답도 하지 못한 채 그 자리에서 물러났고, 결국 사퇴하지 않으면 안 되었다. 이 이야기에서 사리를 따져가며 정치를 운용했던 히로히토의 모습을 볼 수가 있다. 천황의 한마디 질책은 수상의 진퇴를 좌우할 정도로 강력한 것이었다. 게다가 다나카 수상은 히로히토의 엄한 책망으로 인한 충격 때문이었는지, 그 후 2개월이 못 되어 죽고 만다. 혹을 붙여도 엄청난 혹을 붙인 것이다.

또 이런 일도 있었다. 1931년 9월 당시 수상(若槻禮次郎)이 탁무대신(原脩次郎)을 철도대신으로 전임시키기 위해 천황의 재가를 청한다. 그러나 이 대신은 모종의 사건으로 형을 선고받았다가 사면을 받은 자였다. 이에 천황은 "이 사람은 형이 남아 있는 자가 아닌가? 조금 기다리도록 하라"고 말해 재가를 유보한다. 그러고는 측근 원로(牧野伸顯)에게 형이 남아 있는 자를 철도대신으로 임명해도 좋은지 물어본다. 아마 히로히토도 자기 판단에 자신이 없었던 모양이다. 원로는 형이 남아 있는 자라 해도 이미 사면의 명을 받았기 때문에 문제는 없다고 대답한다. 이에 대한 히로히토의 반응이 그럴듯하다.

"사면에 의해서 법률상의 문제는 사라졌다 해도, 도덕상의 문제는 남는 것이다."

그야말로 할 말은 제대로 하는 히로히토. 이처럼 나름대로의 판단과 발언을 제대로 했던 히로히토였기 때문에, 태평양전쟁에서 그가 행한 모든 역할 또한 나름대로의 판단에서 이루어졌다고 볼 수밖에 없다. 일본 군대는 육군 참모본부와 해군 군령부가 중심축이었는데, 이들은 오직 천황에 의해서만 움직였다. 절대 통수권자인 천황이 명령하지 않고 지휘하지 않고 허가하지 않은 전쟁이란 있을 수가 없었다. 군사쿠데타와 같이 천황이 모르는 군대의 움직임이 있을 수는 있으나, 그건 국가적인 전쟁이 아니다. 또 군부가 제멋대로 전쟁을 도발했다는 얘기도 있으나, 그렇게 일어난 전쟁은 극히 일부에 지나지 않는다.

1931년 9월 18일, 만주에 있던 일본 관동군은 전격적인 군사행

중일전쟁의 빌미가 된 노구교 앞에서 함성을 지르는 일본군의 모습. 일본 군대가 만주사변과 중일전쟁을 일으킨 것과 히로히토가 전혀 무관하다고 할 수는 없다.

동을 개시한다. 만주사변을 도발한 것이다. 관동군의 독단적인 결정이자 행동이라고 얘기되는 사건이다. 그런데 만주사변이 발발한 지 수개월 후인 1932년 1월 8일, 천황은 만주사변과 관련된 하나의 칙어를 발표한다. 그는 거기서 일본군의 '충열(忠烈)'을 칭찬하고 나섰다. 일본군의 감투정신과 공로를 치하한 것이다. 이 칙어를 통해 히로히토는 한마디로 자기 군대가 독단적으로 전쟁을 시작하고 확대해도, 성공만 한다면 칭찬한다는 사실을 명백하게 보여주고 있다. 그는 이 칙어의 마지막 부분에서 이렇게 말한다.

"너희 장병들은 더욱더 견인지중하여 동양평화의 기초를 확립하고 짐의 신뢰에 응답할 수 있도록 하라!"

그의 칙어는 침략을 격려하는 망언에 가깝다.

만주침략에 이은 1937년 7월의 중일전쟁. 일본군은 계속해서 중국을 침략해 들어갔지만, 이들이 점령한 것은 중국대륙의 점과 선이었을 뿐 결코 면을 점령하지는 못했다. 점과 선을 벗어나면 그곳에는 중국의 무력부대가 버티고 있었다. 모택동과 장개석은 손을 잡고 항일투쟁에 돌입했고, 일본과 미국의 관계도 험악하기만 했다. 그래서 일본은 미국과의 전쟁만은 피하기 위해 대미공작을 게을리 하지 않으면서, 다른 한 편으로는 미국과의 전쟁에 대비해서 독일·이태리와 삼국동맹을 체결하였다. 1940년 9월 27일 히로히토는 이 삼국동맹 체결을 환영하는 조서를 발표하였다. 이처럼 일본은 한 손으로는 평화를, 다른 한 손으로는 전쟁을 준비했지만, 미국과의 관계는 계속 꼬여가기만 했고 히로히토는 그것이 여간 신경 쓰이는 게 아니었다.

미국과의 관계가 단절될 경우 미국에 의존하고 있던 석유가 문제였다. 그래서 일본 군부는 천연자원을 확보하기 위해 동남아시아 방면으로 침략해 들어가고자 했다. 군부의 이런 구상을 접한 히로히토는 육군의 최고책임자를 호출하였다. 뭔가를 확인하고 싶었던 것이다. 육군 참모총장 스기야마 하지메(杉山元)가 히로히토 앞에 서자 질문이 시작된다.

"남방(동남아시아) 작전은 예정대로 될 거라고 생각하는가?"

질문을 받은 참모총장은 이번 작전은 5개월 안에 끝날 거라면서 예정된 작전을 상세하게 설명한다. 이에 다시 천황이 질문한다.

"예정대로 되지 않는 것도 있을 거요. 5개월이라고 말하지만 그렇게 되지 않는 것도 있을 게 아니오!"

"예전부터 육·해군이 여러 차례 공동으로 연구해왔기 때문에 대체로 예정대로 될 거라고 생각합니다."

"상륙작전이 그렇게 손쉽게 이루어질 거라고 생각하는가?"

"쉽게 될 거라고는 생각하지 않습니다만, 육·해군이 공동으로 자주 훈련하고 있기 때문에 우선은 가능하다고 생각합니다."

"규슈에서 상륙 연습할 적에 배가 꽤나 침몰했는데, 그렇게 되면 어떻게 하는가?"

"그렇게 되지는 않으리라 생각합니다."

"날씨로 인한 장애는 어떻게 할 셈인가?"

"장애를 제거하면서 감행해야 할 것입니다."

"예정대로 될 거라고 생각하는가? 그대가 육군대신으로 있을 때, 장개석이 금방 항복할 거라고 말했는데 아직도 굴복시키지 못하고 있지 않은가!"

이에 참모총장은 일본의 국력이 점차 약화되고 있는 현실을 언급하면서, 그나마 탄력이 있는 동안 곤란을 배제하면서 국운을 타개해야 한다고 강조한다. 이 대답에 히로히토는 재차 질문한다.

"절대로 이길 수 있겠나?"

"'절대'라고는 말하기 힘듭니다만, 승산이 있다는 것만은 말씀드릴 수 있습니다. 반드시 승리할 수 있다고는 말씀드리기 힘듭니다."

히로히토는 큰 소리로 대꾸한다.

"아, 알았어!"

짜증 섞인 목소리다. 이에 참모총장이 부연설명을 하고 나섰다.

"결코 저희들이 좋아서 전쟁을 하고자 하는 것이 아닙니다. 평화적인 방법으로 힘을 다한 다음에, 정 안 되는 경우에 전쟁을 할 생각입니다."

그러나 히로히토의 짜증과 역정은 전쟁이 괴로워서가 아니었다. 그는 미국과의 전쟁에서 확실한 승리의 전망이 없는 점이 괴로웠던 것이다. 히로히토는 여기서 세세한 전략적 문제까지 거론하면서 강도 높은 질문을 계속 던지는 면모를 과시하고 있다.

다른 문서에는 이런 기록도 남아 있다. 히로히토가 참모총장에게 물었다.

"미국과의 전쟁이 발발하면 육군은 언제까지 끝낼 확신이 있는가?"

이에 총장은 "남양 방면만은 3개월 정도로 끝낼 생각입니다"라고 대답한다. 그러자 천황은 질타하고 나섰다.

"그대는 지나사변(중일전쟁) 당시 육군대신이었다. 그때 그대는 육군대신으로서 사변은 1개월 안에 끝난다고 말했다. 그러나 4년이라는 오랜 시간이 걸렸는데도 아직도 마무리짓지 못하고 있지 않은가!"

당황한 참모총장은 서둘러 변명에 나서서, 중국 땅이 워낙 광활해 예정대로 작전을 수행할 수 없는 사정을 설명한다. 이에 히로히토는 예리한 지적을 남긴다.

"중국 땅이 넓다면 태평양은 그보다 더 넓지 않은가? 무슨 확신이 있기에 3개월이라고 말하는가!"

참모총장은 단지 머리를 숙일 뿐, 아무 말도 하지 못했다. 이처럼 히로히토는 참모총장까지 쩔쩔매게 만들 정도였다.

1945년 5월 8일 독일이 무조건 항복했다. 이 무렵이면 일본의 패전도 눈앞에 다가온 시점이다. 이제 전쟁은 외국 땅에서가 아니라, 바로 오키나와라는 집안에서 벌어지고 있는 판국이었다. 대동아공영권이니 뭐니 떠들면서 아시아를 통째르 점거하려던 일본이었으나, 이때가 되면 오키나와 전투에서나마 부분적으로 승리하고 바로 강화라도 맺었으면 하는 것이 그나마 작은 소망이 되었다.

1945년 5월 31일 급박해진 지휘부 단에서는 조기 강화파와 본토 결전파의 주장이 팽팽히 맞서고 있었다. 단달마적인 몸부림이 요동치기 시작한다. 그 무렵 수상(小磯貫太郎)은 이런 말을 남겼다.

"지금 일본이라는 작은 나라가 세계 2대 강국을 상대로 무리한 전쟁을 하고 있다. 만일 여기서 강화라도 성립된다면, 그것만으로도 일본은 승리했다고 말할 수 있다."

그러나 그런 '일본의 승리'는 찾아오지 않았다. 히로히토가 선택할 수 있는 길은 무조건항복밖에 없었기 때문이다. 결국 마이크 앞에 선 히로히토, 그는 이런 말을 한다.

"미·영 양국에 선전포고한 것은 실로 제국(일본)의 자존과 동아의 안정을 위한 것이었지, 타국의 주권을 박탈하고 영토를 침략할 뜻은 애초부터 없었다."

최고 통수권자로서 태평양전쟁의 전 과정에 관여했던 히로히토가 이제 와서 다른 나라의 주권을 박탈할 뜻도, 영토를 침략할 뜻도 없었다고 얘기하고 나선 것이다. 침략을 부정하는 일본의 뿌리는 여기서부터 시작되는 셈이다.

그리고 패전 하루 전날인 1945년 8월 14일, 마지막 어전회의에서 히로히토는 다음과 같은 말을 남겼다.

"나는 메이지 천황이 눈물을 삼키며 결단을 내렸던 삼국간섭 당시의 고충을 되새기며, 이번 기회에 견딜 수 없는 것을 견디고 참을 수 없는 것을 참아서, 일치협력하여 일본이 다시 떨쳐 일어서기를 원한다."

1895년 청일전쟁 당시 청나라를 제압한 일본이 중국의 요동반도를 수중에 넣자 이를 탐탁하지 않게 여긴 삼국(러시아, 독일, 프랑스)이 러시아의 주도 아래 일본의 중국 진출을 저지하기 위해 요동반도 반환을 요구하고 나선 적이 있다. 이때 일본은 '삼국간섭'에 이기지 못하고 물러선다. 그러나 훗날(1905) 일본은 러일전쟁에서 러시아를 격파함으로써, 러시아에 대한 낡은 '원한'을 갚으며 재차 중국에서의 이권을 탈취하기에 이른다. 히로히토가 "삼국간섭 당시의 고충을 되새기며······, 일치협력하여 일본이 다시 떨쳐 일어서기를 원한다"라고 말한 것은 바로 이를 가리키는 것이다.

이를 두고 일본의 어느 교수도 이런 말을 하였다.

"히로히토 천황은 항복에 즈음해서 메이지 천황이 삼국간섭을 받아들였던 것과 마찬가지 기분으로 포츠담선언을 받아들인다고 했는데, 이로 미루어 본다면 히로히토도 메이지 천황과 같이 훗날의 복수를 마음속에 맹세했던 것일까?"

이 일본인 교수의 지적처럼 히로히토의 말은 정말 한반도나 대만 등을 나중에 반드시 빼앗겠다는 의미였을까?

정치적으로든 군사적으로든, 나름대로 판단하고 할 말 다하던

삼국간섭을 풍자한 그림. 일본은 삼국간섭 당시 요동반도 반환을 요구하고 나선 러시아에 대한 낡은 원한을 끝내 갚고야 말았다.

히로히토는 죽었다. 죽은 자는 말이 없다고 하지만, 히로히토가 남긴 마지막 말은 이래저래 복잡한 여운을 남기고 있다. 단지 우리는 이런 대원칙을 항상 확인하고 싶을 뿐이다. 평화를 위해서 무력을 사용한다는 것은 모두가 거짓말이고, 또한 무력에 의해서 평화가 실현된 적은 한 번도 없다는 것을! 평화는 오로지 사랑에 의해서만 실현된다는 사실을! 우리가 일본의 행보에 주목하는 것은 오직 이런 과거사 때문이다.

5장

천황가의 그늘

작은 반란들

　1932년 1월 8일, 육군 연병장에서 개최된 열병식 행사에 참가한 히로히토가 마차를 타고 궁궐로 돌아가는 길이었다. 수행한 대신들도 마차를 타고 그 뒤를 따르고 있었다. 궁궐에서 멀지 않은 경시청 근처에 이르렀을 때, 한 대신이 타고 있던 두 번째 마차에서 갑자기 폭탄이 작렬했다. 한 사나이가 마차 행렬에 폭탄을 던진 것이다. 이 사나이는 다시 폭탄을 꺼내 들고 그 뒤에 있던 히로히토의 마차를 겨냥해서 폭탄을 던지려고 손을 들었다. 그러나 폭탄을 던지기도 전에, 이 사나이는 헌병들에 의해서 체포되고 만다. 그는 같은 해 9월 30일, 천황을 해치려 했다는 대역죄로 사형판결을 받고 10월 10일 사형에 처해지고 만다. 이 사나이는 조선의 독립투사 이봉창 열사였다.
　안중근 의사, 윤봉길 의사 등 조선의 독립을 위해 싸운 의인들의 투쟁은 유명 무명을 떠나 부지기수이지만, 천황을 향해 피스톨을 겨냥한 의거는 그리 흔치 않다. 적의 심장부에서 적장의 가슴을 겨냥한 의거 자체가 쉽지 않은 탓도 있다. 그러나 이봉창 열사는 이렇듯 적의 심장부에서 적장의 가슴을 노리다 눈을 감는다. 그 이전인 1924년에도 조선의 독립운동 단체인 의열단 단원 김지섭 등이 궁궐의 정문 돌파를 강행하며 폭탄을 투척한 적이 있었다. 그러나 그 자리에 천황은 없었다.

이처럼 조선 침략의 원흉인 천황을 향한 조선 독립운동가들의 저항은 죽음을 무릅쓸 정도로 치열했다. 하지만 여기서 오해해서는 안 될 것이 하나 있다. 혹시 조선의 독립운동가들만이 천황을 죽이려 했다고 생각할 수도 있는데 그건 진실과 다르다. 그렇다고 중국인들이 천황을 죽이려 한 것도 아니다. 천황의 가슴을 향해서 처음 피스톨을 겨눈 자는 천황 스스로도 자신의 '충실한 적자'라고 믿었던 일본인이다.

1923년 9월 관동 지방에 대지진이 발생해서 숱한 재일 조선인들이 학살당하고, 일본인 무정부주의자와 노동운동가들도 살해당하는 사건이 발생한다. 혼란을 틈타 테러가 횡행한 것이다. 이런 광란적인 혼란이 잠잠해질 무렵 의회가 열린다. 이날 아침 히로히토(당시는 황태자)는 의회 개원식에 참석하기 위해서 자동차를 타고 국회로 향하고 있었다. 자동차가 커브길을 천천히 꺾어 들어갈 즈음, 레인코트를 입은 한 청년이 손에 총을 쥐고 뛰어나왔다. 그러고는 자동차를 향해서 힘껏 발포했다. 총탄은 유리창을 꿰뚫고 지나갔으나, 히로히토는 무사했다. 이 청년은 곧바로 경비 경찰들에게 체포되고 만다. 난바 다이스케(難波大助)라는 24세의 일본인 청년이었다. 저격의 동기는 무정부주의자였던 많은 동지들이 무참하게 학살당한 데 대한 분노 때문이었다.

이 청년은 훗날 사형에 처해지고 만다. 천황의 가슴을 향해서 피스톨을 겨눈 최초의 사건이었다. 이 사건은 비록 미수로 끝났지만, 당시 내각은 이로 인해 총사퇴할 수밖에 없었고, 경찰 관련자들도 전원 옷을 벗게 된다. 미수든 무든 간에, 천황을 향해서 총을 쏘도록 만든 것 자체가 막중한 과오였기 때문이다.

이 사건 외에 일본인이 천황을 향해서 총을 겨냥하거나 폭탄을 투척한 경우는 거의 알려져 있지 않다. 메이지 천황 암살을 계획했다는 '대역(大逆) 사건'이란 것이 있기는 하지만, 그건 말 그대로 '계획'에 지나지 않았다. 난바 다이스케의 저격 미수 사건이 있던 다음해에는 조선의 독립운동 단체인 의열단원의 폭탄투척 사건이 있었고, 이어 1932년도에 이봉창 의사의 의거가 있었다. 이런 일련의 사건들을 기점으로 천황에 대한 경계가 강화된 것은 물론이다. 천황의 가슴에 피스톨을 겨눌래야 겨눌 수 없는 삼엄한 경계태세가 깔리게 된 것이다. 이처럼 천황에 대한 호의가 지극히 중요한 문제가 되자, 어처구니없는 해프닝도 발생한다.

1934년 11월 동경 근처 들판에서 육군의 특별 대훈련이 실시될 때의 일이다. 히로히토는 훈련 참관을 마친 뒤, 경찰의 호위를 받으며 지역학교 시찰에 들어갔다. 그런데 천황의 행렬을 선도하던 경찰관이 극도로 긴장한 나머지 길을 잘못 들어서 시찰 학교를 잘못 안내해버리고 말았다. 이 때문에 천황은 시찰 순서를 바꿀 수밖에 없었다. 문제는 이 다음에 터진다. 안내를 잘못한 경찰관이 죄책감 때문에 자살을 시도한 것이다. 미수로 끝나긴 했지만 대단히 어처구니없는 해프닝이었다. 이런 사소한 실수 때문에 자살을 기도한 경찰관도 경찰관이지만, 그렇게 만든 당시 시대 분위기도 문제일 수밖에 없다.

패전 전 일본 사회에는 대역죄니 불경죄니 치안유지법이니 하는 것이 있어서, 천황에 대한 불만이 있더라도 숨을 죽일 수밖에 없었다. 그러나 이런 분위기는 1945년 8월 일본의 패전과 함께 바뀌기 시작한다. '천황을 위한 전쟁'에서 고통을 당한 숱한 일본인들이 천황에 대해 반발하고 나선 것이다. 선두에 나선 이들은 진보진영에 있던 일본인들이었다.

이 무렵 극도로 피폐해진 일본인들은 너 나 할 것 없이, 먹을 것을 찾아 헤매고 다녀야 했다. 식량 문제 때문에 죽느냐 사느냐 하는 기로에서 서성거리고 있었던 것이다. 히로히토조차도 우동·수제비·감자 등을 식사 대신으로 먹을 정도였다고 하니, 보통 일본인들은 수제비 국물도 아쉬운 판국이었다. 오죽했으면 히로히토가 일본 점령군 총사령관인 맥아더를 첫 방문한 자리에서 "우리 국민에게 먹을 것을 주십시오"라고 했으랴!

1946년 5월 약 25만 명의 시위대가 천황이 사는 궁성 앞 광장으로 모여든 것도 이 때문이었다. 그 가운데 이런 플래카드가 내걸린다. 일본 공산당원이 쓴 것으로 야유가 담겨 있었다.

"짐(천황)은 배불리 먹고 있다. 너희 인민들은 굶어 죽어라!"

천황을 향한 독설과 행동이 터지기 시작한 것이다. 천황가를 향한 반발은 다양한 형태로 나타난다.

1959년 4월 10일, 이날은 히로히토의 큰아들(현 125대 헤이세이〔平成〕천황)이 결혼식을 올리는 날이었다. 언론에서 '세기의 결혼식'이라고 연일 떠든 그 결혼식이다. 궁성에서 결혼식을 끝낸 신혼부부가 마차를 타고 궁성을 빠져나왔다. 지붕 없는 유럽식 마차어 올라탄 신혼부부는 좌우 도로변을 가득 메운 인파를 향해 유유히 손을 흔들며 답례하기도 했다. 이 장면은 텔레비전을 통해 전국에 생중계되고 있었다. 그런데 신혼부부의 마차가 궁성 앞 광장을 지나 다리 근처로 접어들 무렵, 갑자기 회색 양복을 입은 한 소년이 통제된 도로 한가운데로 뛰쳐나왔다. 그러고는 마차를 향해서 주먹만한 돌을 집어던졌다. 순식간에 일어난 일이었다. 경호원들이 덤벼들어 제지했지만, 돌은 소년의 손을 떠나 마차를 향해 날아갔다. 하나는 마차에 맞았고, 다른 하나는 신혼부부의 눈앞을 스쳐 지나갔다. 소년은 제지하는 경호원들의 손을 뿌리치면서 마차에 올라타려고 덤벼들었다. 그러나 이 시도는 실패로 돌아가고 만다. '세기의 결혼식'에 터진 해프닝(?)이었다. 후에 소년은 이런 말을 남긴다.

"천황제에 반감을 가지고 있었다. 이런 떠들썩한 축제는 괘씸할 뿐이다."

이 소년은 결국 정신감정을 받은 후 보호관찰 처분을 받게 된다. 이와 유사한 사건들은 그 후에도 계속해서 발생한다. 1968년에는 태평양전쟁에 참전했던 어느 일본인(奧崎謙三)이 수많은 군중이 참가한 황실 행사에서 "피스톨로 천황을 쏘아라!"라고 외치며 베란다에 서 있는 히로히토를 향해 고무로 만든 '빠찡코 알' 네 발을 발포하는 사건이 발생한다. 또 1977년 1월에는 오키나와 출신의 토미무라(富村順一)라는 일본인이 베란다에 서 있는 히로히토를 향해서 자기 딸의 대변을 물에 타서 섞은 병을 집어던진다. 그러고는 큰 소리로 "인민대중 앞에서 천황을 인민재판에 회부하고, 사형을 선고한다!"고 외치는 사건도 있었다. 이 일본인은 천황의 군대가 저지른 오키나와 주민 학살에 대한 책임을 소리 높여 외친 것이다. 천황을 둘러싼 이런 여러 사건 가운데서, 다음 두 사건이 가장 의미심장하다.

1974년 8월, 동아시아 반일 무장전선이라는 한 일본인 단체가 미쓰비시 중공업 빌딩을 폭파했다. 이 사건으로 8명의 사망자와 3백 명에 가까운 중·경상자가 발생한다. 그런데 이 사건 관련자들은 체포되고 난 후 다음과 같은 놀라운 자백을 한다. 1974년 8월 14일에 지방에 갔다가 도쿄로 돌아오는 천황의 특별열차를 노려, 철교에 폭탄을 설치했는데 불발로 끝나고 말았다는 것이다. 그 폭탄은 바로 미쓰비시 중공업 빌딩을 폭파하는 데 사용된 강력한 폭발물이었다. 이 사건은 전후 천황을 직접 노린 최초의 암살 미수 사건이었다. 간담을 서늘하게 만든 사건임에 틀림없다. 이처럼 한편에서는 천황을 향한 노골적인 테러가 감행되는가 하면, 또 다른 한편에서는 천황을 옹호하는 세력에 의한 테러도 자행된다.

1961년 2월, 모든 일본인의 간담을 서늘하게 만든 사건이 발생한다. 사건의 발단은 일본의 저명한 잡지 《중앙공론》(1960년 12월호)에 실린 한 편의 소설이었다. 이 소설은 꿈 이야기를 빌린 형식을 취하고 있는데, 내용은 소설의 주인공이 궁성 내에서 황태자 부부가 살해당하는 현장을 목격하게 된다는 것이었다. 황실 관련 기관과 우익단체에서는 이 소설을 문제삼아 법적인 고소를 검토하는 등 시끌시끌했다. 어쩔 수 없게 된 잡지사의 편집장은 다음 호에 이례적으로 사죄문을 게재하는 조치를 취한다. 당시의 내각 수상도 잡지사측의 조치에 이해를 표명하며 소란을 매듭짓

천황을 암살하려 했다는 대격사건(1910)에 연루되어 사형에 처해진 고트쿠슈스이(幸德秋水).

고자 했다.

그러나 해가 바뀐 다음해 2월 1일 저녁 9시경, 17세의 한 우익단체 소년이 등산용 나이프를 가슴에 품고 잡지사 사장 집으로 잠입해 들어갔다. 그러고는 때마침 집안에 있던 사장 부인과 가정부를 향해 칼을 휘둘렀다. 가정부는 사망하고 사장 부인은 중상을 입는다. 이 소년은 15년형에 처해지지만, 이 사건으로 '단도의 공포'가 일본열도를 휩쓸고 지나갔다. 이후로 천황에 대한 도전은 곧바로 '단도의 공포'를 의미하는 것이 되었다. 나가사키 시장이 "천황에게 전쟁책임이 있다고 생각한다(天皇に戰爭責任

*がぁると思ぅ)"*는 단 13마디 발언 때문에 우익의 총격을 받았던 1988년의 사건은, 이 공포가 여전히 사라지지 않고 있음을 새삼 보여줄 따름이다.

천황을 거부하는 일본 내의 여론은 예나 지금이나 존재하지만, 여전히 대세를 이루고 있지는 못하다. 그렇다고 대다수의 일본인들이 군국주의 총사령관으로서의 천황을 바라는 것은 아니며, 이런 군국주의적 천황의 부활을 노리는 세력 또한 대세를 이루지는 못한다. 그러나 우리는 천황주의자나 군국주의자와 같은 일본의 꼴뚜기들을 주목해야 한다. 천황의 주술과 마력을 아는 이들 일본 꼴뚜기들이 천황을 등에 업고 '과거의 영광'을 되찾고자 덤벼드는 움직임은 여전히 경계의 대상이다. 일본이 평화로운 어물전이 되는 길은 이 꼴뚜기들의 망신살 뻗치는 망동을 어떻게 견제하느냐에 달려 있을 것이다. 천황을 향한 작은 반란들은 어쩌면 일본을 위해서는 아름다운 반란인지도 모를 일이다.

아, 인형의 집이여!

벌거벗은 천황!

권력의 정좌에서 병마의 대권을 장악하던 천황은 무사집단의 득세와 함께 미라처럼 영락할 대로 영락하다가 메이지유신을 기점으로 무덤에서 다시 꽃을 피웠다. 그리고 정치의 전면에 등장한 천황은 온갖 권한을 독점하게 된다. 그러나 패전은 국가의 모든 권한을 한 손아귀에 장악하고 있던 천황을 일거에 벌거숭이로 만들어버리고 만다. 하지만 그렇다고 해서 과거 영락할 대로 영락한 벌거숭이 시절과 꼭 같은 상황은 아니었다. 과거에는 아무리 껍데기 천황이었어도 자기 이름으로 임명한 '일본인' 장군에 의해 통제를 받았을 뿐이다. 그러나 이제는 패전으로 인해 역사상 처음으로 천황이 일본 땅을 점령한 외국인의 통제와 지시를 받아야 하는 사태가 발생한 것이다.

우리들 머릿속에서 일본은 침략국으로밖에 생각되지 않지만, 사실은 그렇지가 않다. 일본이 국가의 이름을 걸고 해외의 주권

국가를 침략한 것은 16세기의 임진왜란과 19세기 이후의 아시아 침략이 전부라면 전부이다. 그런데 일본은 19세기 이후의 아시아 침략전쟁에서 그 동안 못다 한 전쟁을 한꺼번에 치러보겠다는 심산이었는지, 수십 년을 전쟁에 덤벼들었다.

어쨌든 이 두 차례에 걸친 침략전쟁에서 천황의 역할은 전혀 다르다. 임진왜란 때의 조선 침략은 당시의 천황과는 무관한 침략전쟁이었다. 16세기의 천황은 워낙 껍데기에 지나지 않았으니, 전쟁에 대해서 가타부타 간섭할 여지가 없었다. 그러나 19세기 이후의 아시아 침략은 권력의 정점에 서 있던 천황이 직접 관여했던 침략전쟁이었다. 따라서 전쟁의 책임을 져야 하는 천황과 그렇지 않은 천황은 구분해야 한다. 무릇 모든 죄의 책임은 그 죄를 저지른 자에 한해서만 물어야 하기 때문이다.

이처럼 일본이 저지른 침략전쟁이 두 차례라면, 일본이 침략을 받은 것도 두 차례이다. 첫 번째는 아주 오래 전인 1019년에 여진족의 침입이 있었다. 훗날 금나라와 청나라를 세운 이들 여진족은 우리 한반도도 꽤나 소란스럽게 만들었던 자들이다. 이들이 50여 척의 선단을 이끌고 일본 땅으로 쳐들어왔으니, 간단한 도적의 무리는 아니었던 셈이다. 그러나 이들 여진족은 격퇴당한다. 두 번째는 1200년대 말엽 2회에 걸쳐 일어난 몽고의 침입이다. 그러나 이때도 일본은 무사했다. 거대한 바다 요새에 둘러싸인 안전지대에 자리잡은 덕에, 일본은 역사상 단 한 차례도 외적으로부터 점령당한 적이 없었다. 이를 두고 일본인들은 신의 땅 '신주(神州) 일본'을 자랑했으나, 히로히토의 패전은 이런 신화를 굉음과 함께 무너지게 만들고 만다.

1945년 히로히토와 맥아더의 회견 당시 기념사진. 히로히토의 패전과 함께 일본인들은 '신적인 존재'로 믿어왔던 히로히토의 '인간선언'에 당혹감을 감추지 못했다.

그러나 패전으로 '신주 일본'이라는 신화만 깨진 것이 아니다. 일본인에게 더 충격적인 사건은 '신적인 존재'로 믿어왔던 천황 히로히토가 스스로 자신의 신격을 부정한 것이었다. 바토 1946년 1월 1일, 신년 벽두에 있었던 '인간선언'이라는 사건이다. 외국인들의 눈에야 개명천지한 시대에 무슨 뚱딴지 같은 코미디냐 하겠지만, 청천벽력 같은 충격파가 일본열도를 휩쓸고 지나간다.

물론 30여 년이 지난 후, 히로히토는 이때의 선언을 두고 "신격부정이니 뭐니 하는 것은 그리 중요한 문제가 아니었다"고 밝히지만 말이다. 하기야 히로히토는 이미 1930년대 무렵에도 자기를 신이라 부르는 것을 두고, "나는 보통 사람과 똑같은 인체구조를 갖고 있기 때문에 신이 아니다"라고 말한 적이 있다. 공적인 자리가 아니라는 점만 뺀다면 히로히토의 '인간선언'은 이처럼 일찍 행해졌던 것이다. 어쨌든 인간으로 돌아온 히로히토, 과연 일본인들의 눈에는 어떻게 비쳐졌을까? 지금의 천황을 이해하는 데 중요한 문제이다.

패전의 흔적이 사라지고 일본이 경제대국으로 올라서기 시작한 1971년 9월 어느 날, 히로히토 부부가 유럽 여행길에 올랐다. 1921년 3월 일본의 '황태자' 신분으로 유럽을 방문한 적이 있는 히로히토로서는 50년 만의 일이었다. 1920년대에 젊은 히로히토를 맞는 유럽의 분위기는 매우 우호적이었다. 그 스스로도 이때의 유럽 여행이 "가장 즐겁고 감명 깊었다"고 감회를 털어놓을 정도였다. 젊은 시절의 추억이 남아 있는 유럽 땅, 그러나 50년 뒤에 찾아간 유럽은 예전과 달랐다.

히로히토 부부를 맞는 유럽의 분위기는 환영은 고사하고 냉담 일색이었다. 런던·파리·서독·네덜란드 등에서는 야유와 침묵, 일장기 화형식 등 적대적인 분위기로 그를 맞는다. 어떤 곳에서는 '악마' '지옥에나 떨어져라' '전범 히로히토' '히로히틀러(히로히토+히틀러)' '학살자' 등 갖은 증오와 모멸감을 담은 플래카드를 내걸고 히로히토를 맞이했다. 심지어 네덜란드에서는 누군가 천황의 승용차를 향해 보온병을 내던지는 해프닝까지

1971년 히로히토의 유럽 방문시 'HIROHITO GO' 라고 쓴 팻말을 들고 시위하는 유럽인들. 유럽인들에게 히로히토는 용서할 수 없는 자였다.

발생한다. 유럽인들에게 히로히토는 용서할 수 없는 자였기 때문이다.

태평양전쟁으로부터 반세기가 지난 더때에도 유럽인의 증오는 이처럼 대단했다. 그런데도 이에 대한 히로히토의 반응에는 뻔뻔하고 옹색한 구석이 있었다. 여행을 마친 히로히토는 그해 11월에 이런 말을 남겼으니 말이다.

"각국의 많은 국민들이 나를 환영하지 않았다고는 생각하지 않으며, 왕실이나 정부를 비롯해서 많은 국민들로부터 쏟아진 환영은 무시할 수 없다고 생각합니다."

히로히토는 환영하는 분위기만 마음에 들었는지, 유럽인의 분노에 대해 '죄스런 마음을 금할 길 없다'는 말 한마디를 하지 않았다. 뻔뻔하고 옹색한 발언이라는 비난을 면하기 힘들다. 그런데 히로히토를 보는 이들 서양인과 일본인들의 정념은 전혀 달랐다.

패전 후 얼마 지나지 않은 1946년 3월 2일, 일본의 〈아사히신문〉에는 '역시 인형의 집'이라는 제목의 투서가 실린다. 이 투서는 천황에 대한 일본인의 의식을 엿보는 데 상당히 시사적인 내용을 담고 있다. 장문의 인용이 되겠지만, 매우 흥미 있는 내용이어서 소개한다.

"천황 폐하 자신이 스스로 신인 것을 부정하시고, 국민과 인간적인 접촉을 바라시는 것은 이번에 행한 전국 순회에서도 엿볼 수 있는 바이다. 그런데도 폐하의 자유로운 의지를 침해하는 자가 있다. 나는 20일(2월) 오전 4시 반경에 동경역 앞에서 폐하를 기다렸다. 폐하께서 나타나시기 2, 3분 전에 군중의 저쪽 편에서 '모자를 벗어!'라는 소리가 들렸다. 천황께서 타신 차는 정거장 쪽에 서 있었다. 또다시 소리가 들려왔다. '아무리 전쟁에 졌다기로서니······.' 이 소리를 듣고 주위를 둘러보니 모자를 쓴 사람은 나뿐이었다. 나는 울컥해서 대꾸했다. '쓸데없는 소리 하지마! 모자를 쓰든 안 쓰든 그건 사람의 자유야!' 내 말에 '옳소!' 하고 호응해주는 사람도 있었다. 나는 계속해서 모자를 벗지 않고 있었다. 그러자 이번에는 나이 든 경찰관이 모자를 벗으라고 나에게 명령했다. 나는 말없이 모자를 벗었다. 이 명령이 나의 의지를 대단히 다치게 했다.

　나는 이곳에서 폐하에 대한 내 자신의 진정한 마음을 시험해보고자 했다. 전쟁중에는 폐하를 위해서라면 가미카제 자살 비행기라도 기꺼이 탈 수 있는 자신을 믿고 있었다. 그러나 종전 후 폐하에 대한 절대적인 충성의 관념에 회의를 품게 됐다. 자아에 대한 각성이 있었기 때문이다. 그런 내가 폐하를 눈앞에 둔다면 어떤 태도를 취할지 시험해보고 싶었던 것이다. 그러나 폐하가 지나갈 적에는 나도 모르게 머리를 조아리고 말았다. 폐하의 답례도 있었다. 나는 눈물을 머금고 말았다. 무엇 때문인지는 알 수가 없다(이하 생략)."

　한때 베스트셀러였던 어느 책에도 이와 비슷한 이야기가 나온다. 군대에서 갖은 고생을 한 어느 병사가 있었다. 그는 제대한 뒤 정비공장에서 일을 하게 되었는데, 어느 날 그 정비공장에 '못돼먹은' 옛날 고참이 손님으로 들른다. 고참은 그를 몰라봤지만 옛날 졸병은 그를 알아본다. 이 졸병은 군대에서 당했던 설움과 고통을 생각하면서 그에게 앙갚음을 하려고 작정한다. 그러나 막상 수리를 끝낸 고참이 공장을 떠나자, 이 졸병은 자기도 모르게 거수경례를 하고 만다는 이야기다. 뿌리깊은 고참의식이 사라지지 않고 있었기 때문이다. '못돼먹은' 고참에 대한 졸병의 거수경례, 천황에 대한 대다수 일본인의 태도는 이런 것이었는지도 모를 일이다.

　패전 초기 히로히토가 전범재판을 받아야 하느니, 천황이 옷을 벗어야 하느니 말도 많았다. 그러나 히르히토는 온전히 살아남았다. 일본 국내에서도 천황의 책임을 묻는 논의가 있었지만, 히로히토는 온전하게 살아남았다. 히로히토를 살린 미국이나 히로히토의 죄를 묻지 못한 일본이나, 어쩌면 이는 천황 히로히토를 대하는 이런 일본인이 대다수 존재하고 있었기에 가능했는지도 모른다. 패전 직후 히로히토를 맞은 일본인들의 모습이 영락없이 이를 증명한다.

1946년부터 1954년까지 히로히토는 국민에게 '사죄' 하기 위해서 오키나와를 제외한 전국 방방곡곡을 순회한다. 제대로 된 경호원이 있었던 것도 아니었다. '지존의 몸' 이었던 히로히토의 머리카락은 흩어지고, 구두에는 먼지가 가득 쌓였다. 이를 안쓰러워하는 측근도 있었다. 그러나 히로히토는 "괜찮아요. 이미 이런 세상이 된 거예요"라고 대꾸할 뿐이었다. 히로히토의 전국 순회는 장장 3만3천 킬로미터에 달했다.

앞에서도 본 것처럼 메이지유신 초기 메이지 천황도 전국을 순회했다. 위풍당당한 이 순회는 천황의 권위를 국민들에게 알리기 위한 것이었다. 그러나 히로히토의 전국 순회는 메이지 천황의 순회와는 다르다. 히로히토의 순회에는 국민에 대한 '사죄' 의 뜻도 포함되어 있었으니 메이지 천황과 같은 당당한 행차일 수가 없었다. '죄인' 으로서의 행차일 따름이었다. 그러나 불미스런 일은 거의 발생하지 않았다. 천황 방문에 항의하는 격렬한 행동이 있음직함에도 말이다. 그 이유는 단 하나, 천황을 향해 거수경례를 올리는 일본적인 정서 때문이다. 물론 교토대학을 방문했을 때는 학생들이 '평화의 노래' 를 부르면서 천황의 방문에 항의하는 사건이 발생하기도 했다. 그러나 이런 사건은 매우 드문 해프닝에 지나지 않았다.

히로히토의 전국 순회가 거듭될수록, 천황을 대하는 일본인들의 감정도 가히 폭발적인 환영 일색으로 변해간다. 이미 그곳에는 '전범' 히로히토의 그림자도 보이지 않는다. 오히려 히로히토는 자기를 환영하기 위해서 몰려드는 엄청난 인파를 목격할 따름이었다. 이런 상황에서 가관인 것은 미군들이었다. 아무리 자유분방하고 쾌활하다 하더라도, 어떤 미군은 경비 틈새를 보아 얼른 히로히토에게 접근해 사인을 요청하기도 했다. 히로히토 또한 가관이다. 그는 사인장에다 'HIROHITO'라고 써주었다고 한다.

히로히토를 대하는 이러한 일본인의 정념은 대형 참사까지 부를 정도였다. 1953년 정초, 궁성에 약 25만 명의 일본인이 히로히토를 찾아 몰려든다. 한국전쟁이라는 특수가 일본 경기에 생기를 불어넣어 주었고, 배고픈 시대가 거의 지나가 여유가 생긴 탓도 있다. 하여튼 대단한 인파이다. 그런데 그 다음해인 1954년에는 무려 38만 명이 몰려들었다. 궁성 주위는 사람들로 가득 차서 통제가 불가능한 지경이었다. 1년 전보다 무려 13만 명 이상이 늘어났으니, 예상치 못한 상황이었던 것이다. 밀고 밀리는 북새통 속에서 한 부인이 넘어졌는데, 이 때문에 그 뒤를 따르는 군중들이 무더기로 겹겹이 쓰러지는 사태가 발생한다. 아수라장이 되고 만 것이다. 모든 정리가 끝났을 무렵, 그곳에서는 압사한 16명의 사체가 발견된다. 그토록 참혹했던 전쟁에서도 살아남았던 자들이 허망하고 무참하게 죽어간 것이다.

천황에 대한 이런 정념은 지금도 식을 줄 모른다. 어느 만화가의 이야기처럼, 대다수의 일본인들은 천황을 "지금의 일본인들보다 훨씬 이전부터 계속 존재해왔으며, 지금 자신들과 함께 존재하는 이로운 일본의 주인"이라고 생각하고 있는지도 모를 일이다. 그래서 영국 다이애나비의 염문에 대해서는 이러쿵저러쿵 보도하고 즐기면서, 일본 궁성 내의 이야기는 함부로 다루지 못하는, 혹은 함부로 다루지 않는 것도 일본적인 정념이라면 정념이다.

 천황 앞에 서면 모두가 작아지는 수많은 일본인들! 천황으로부터 결코 자유롭지 못한 많은 일본인들! 천황에 대해서는 자기 의지가 아무 소용 없어지는 적지 않은 일본인들! 그래서 일본은 '인형의 집' 인지도 모를 일이다.

일본을 흔든 1백 일

1988년 9월 21일, 런던의 대중지 〈선(SUN)〉에 실린 글귀가 일본을 강타한다. 병상에 누워 있는 히로히토를 향해 "지옥에는 반드시 그를 위한 특별한 장소가 준비되어 있으리라!"는 대단한 독설(?)을 퍼부었기 때문이다.

"천황 히로히토가 죽음의 병상에 누워 있는 지금, 슬퍼해야 할 이유가 두 가지 있다. 첫 번째는 히로히토가 지금까지 오랫동안 살아온 점이고, 두 번째는 20세기에 가장 어리석은 갖가지 죄를 범한 히로히토가 처벌받는 일도 없이 죽는 것이다. 1941년 일본이 전쟁을 시작했을 때, 히로히토는 국민의 눈에 신으로 비쳐졌기 때문에 손을 한 번 흔드는 것만으로도 이 전쟁을 중지시킬 수 있었을 것이다. 그러나 그는 아무것도 하지 않았다. 천황의 야만적인 병사들이 몇백만에 이르는 중국인을 강간하고 살해했을 때도 그는 아무것도 하지 않았다. 전쟁에서 승리하고 있을 동안, 히로히토는 자랑스럽게 행동하면서 으스댔다……. 임종에 즈음해서 그는 수많은 희생자의 고통이나 슬픔을 조금이라도 맛보기나 했을까? 그러나 저세상에 갔을 때, 지옥에는 반드시 그를 위한 특별한 장소가 준비되어 있으리라!"

60년 넘게 천황의 자리에 있던 히로히토는 서울올림픽이 개최되던 1988년 88세의 나이로 피를 토하며 병상에 눕게 된다. 그리고 1백여 일을 병상에서 신음하다가 1989년 1월 7일 파란 많은 인생에 종지부를 찍는다. 이 1백여 일 동안 일본에서는 어떤 일들이 벌어졌을까? 한마디로 온통 자숙(自肅)하는 분위기였다. 때로는 정부의 요구에 따라서, 때로는 자발적으로.

당시 일본 가요계에서는 '축하 술'이라는 노래가 인기를 끌었는데, 이 노래는 제목이 문제가 되어 부를 수 없게 된다. 천황이 사경을 헤매는데 무슨 놈의 '축하 술'이냐는 이유 때문이었다. 모처럼의 히트곡이 타격을 입자 이 가수는 히트곡 대신 데뷔곡을 부르게 되는데, 여기서도 말썽이 생긴다. 이 노래 1절에 "어차피 죽을 때는 맨몸이 아니냐"는 가사가 있었기 때문이다. 결국 이 가수는 할 수 없이 1절은 생략한 채 노래를 불러야 했다. 하루 이틀도 아니었으니, 스트레스가 이만저만이 아니었음은 상상이 가고도 남는다.

이와 비슷한 다른 가수의 노래도 같은 운명을 면치 못했다. 한 가수의 노래는 "울면서 피를 토하는 두견새"라는 가사 때문에 모든 방송에서 완전히 배제되고 만다. 히로히토가 피를 토하면서 쓰러진 탓이리라. 이런 규제는 방송 관련자 스스로가 '알아서

긴' 탓이었다. 방송국 프로 담당자들은 가수들이 부를 모든 노래를 사전에 팩스로 받아 검토하는 치밀함과 정성(?)을 과시한다. '죽음이나 이별'과 관련된 노래를 하나하나 체크하기 위해서였다. 오죽했으면 히로히토가 누워 있는 1백여 일 간 연예인들의 수입이 반으로 줄어들 지경이었다고 한다. 방송에 관한 한 노래만 문제가 된 것이 아니었다. 텔레비전 화면을 타고 나가는 선전 문구도 문제가 되었다. '건강'이라든가 '사는 즐거움'과 같은 표현은 삼가야 했던 것이다. 누가 봐도 비정상적인 분위기가 일본 열도를 뒤덮고 있었다.

　일본인의 일상생활도 큰 타격을 받는다. 술집, 가라오케, 축제, 운동회, 기타 행사 등도 전면 제한되고 중단되었다. 축제 때 한 철 장사를 노리던 노점상들은 타격을 입을 수밖에 없었고, 이 때문에 어떤 노점상 부부가 동반자살을 기도하는 사건까지 발생한다. 운동장에서 필수적인 응원도구인 북소리가 들리지 않고, 식품점 등에서는 '경사스런 날' 먹는 음식이 모습을 감추었다. 모든 각료들의 해외 일정도 취소되고 중지되었다. 거국적으로 히로히토의 쾌유를 빌어야 하기 때문이다.

　실제 일본 곳곳에는 천황의 건강을 비는 일본인의 행렬이 줄을 이었다. 전국에 천황의 쾌유를 비는 장소가 마련되었고, 하루 만에 몇십만 명이 서명하는 '놀라운' 기록도 수립된다. 단 서울올림픽에 참가한 일본 선수단만은 귀국시키지 않았다. 나가사키 시장이 "천황에게 전쟁책임이 있다고 생각한다"는 발언을 한 것도 이 무렵이었다. 가두 선전차를 타고 돌아다니면서 확성기로 시끌벅적하게 떠들어대던 우익들도 이때만은 소란스런 행동을 자제

할 수밖에 없었고, 그러다 보니 어느 진보적인 그룹의 집회는 우익의 아무런 방해도 받지 않고 매끄럽게 진행될 수 있었다고 한다. 이런 일은 거의 20년 만이었다고 한다.

정상적인 일상생활이 불가능할 만큼 자숙이 지나치다 보니, 일본 정부에서 황태자까지 앞장세워가며 지나친 자숙은 바람직하지 않다고 국민들을 설득하고 나설 정도였다. 그러나 눈에 띄는 행사는 주위의 눈치를 안 볼래야 안 볼 수 없는 분위기였다. 날아드는 돌멩이를 맞고 싶은 사람은 아무도 없기 때문이다. 히로히토의 장사를 치르던 며칠 간도 사정은 마찬가지였다.

심지어 이런 일도 있었다고 한다. 야쿠자(깡패) 조직은 명절도 없이 연중무휴로 장사하는 자들이다. 유명한 유흥가인 도쿄 신주쿠(新宿)에 기생하는 이 야쿠자 조직들은 곳곳에 사무실을 차려놓고 있는데, 히로히토의 장례식 날에는 유흥가의 모든 불이 꺼지고, 야쿠자 사무실도 문을 닫았다고 한다. 물론 이는 경찰의 '사전 지도'에 따른 것이었다. 하도 어이없는 일이었는지, 어느 야쿠자는 이렇게 말하기도 했다.

"나도 27년씩이나 야쿠자 생활을 하고 있는 몸이지만, 이런 일은 난생 처음이야."

아마 너무 기가 찼던 모양이다. 어떤 사람들은 히로히토의 죽음에 즈음해서 단지 한 시대가 끝나는 정도를 넘어서 메이지, 다이쇼, 쇼와라는 3대에 걸친 시대가 끝났다고 느끼기도 하였다. 아마 히로히토와 함께 살아온 상당수의 노년층 일본인들이 만감이 교차하는 시점에 서 있었을 것이다. 그러나 결국 히로히토는 저세상 사람이 되었고, 바로 그날 히로히토와 같은 해에 태어난 어느 시골 할아버지가 자결을 하였다. '주인'의 뒤를 따른 현대판 순사(殉死)였다. 어쩌면 이 할아버지는 지난 시대를 살고 있던 마지막 일본인이었는지도 모른다. 그러나 히로히토의 뒤를 따라서 자결한 황족은 한 명도 없었다. 역사적으로도 그런 예가 없으니 당연한 이야기지만 말이다.

물론 이런 분위기와 정반대의 흐름도 있었다. 히로히토의 장례를 치르던 3일 동안, 모든 방송국에서는 내내 침울한 음악이 흘러나오고 히로히토의 과거를 회상하는 영상물이 일본열도를 온통 뒤덮었다. 이 채널을 틀어도 그랬고, 저 채널로 바꿔도 거기서 거기였다. 1백여 일에 걸친 기나긴 자숙에 이어, 마지막 3일 간의 지루한 분위기가 또다시 일본인들을 기다리고 있었던 것이다. 그러다 보니 비디오 가게는 연일 손님으로 들끓었고, 마침 1월의 한겨울인지라 전국의 스키장도 몰려든 인파로 혼잡을 이루었다. 일본 사회의 한편에는 이처럼 히로히토의 죽음에 아무렇지도 않은 일본인들도 존재했다.

한편 히로히토는 병상에 있으면서도 이런저런 문제를 걱정했다고 하는데, 그 중에서 흥미를 끄는 것은 벼농사에 관한 것이다. 갑자기 무슨 벼농사인가 하겠지만, 여기에는 천황의 본질적인 모습과 관련된 깊은 내력이 숨어 있다. 병상에 누운 지 얼마 안 된 어느 날, 히로히토는 궁내청 장관에게 이런 질문을 한다.

"비가 계속해서 내리고 있는데 벼는 어떤가?"

이에 장관은 "약간 안 좋습니다만 전체적으로는 평년작이 될 것 같습니다"라고 말했다. 그러자 히로히토는 "아, 그래. 그거 잘됐군"이라고 말했다고 한다.

5장 천황가의 그늘 | 213

말년의 히로히토. 마지막까지 벼농사를 걱정하며 눈을 감은 히로히토는, 그러나 수많은 인명을 빼앗아간 전쟁에 대해서는 제대로 된 참회의 발언 하나 남기지 않았다.

    이는 천황의 숨은 얼굴을 이해하는 데 매우 중요한 문제이다. 오랜 세월 동안 쌀은 일본인의 가장 중요한 생명줄이었고, 이 생명줄을 좌우하는 것이 바로 천황이었다. 이건 제사장으로서 천황이 지니는 변함없는 역할 중 하나였다. 실제 히로히토는 궁성 내에서 손수 모내기를 해왔으며, 이 모내기 행사는 1927년부터 히로히토가 쓰러지는 1988년까지 거의 빠짐없이 이어져왔다고 한다. 천황은 '벼의 왕'이기도 했던 셈이다.

벼를 걱정하는 히로히토의 모습이 신문에 보도되자, 천황에게 관심을 갖는 사람들은 적지 않은 충격을 받았다고 한다. 병상에서조차 마지막 순간까지 '벼' 농사에 신경 쓰는 천황의 모습을 발견했기 때문이다. 정치적인 대권을 박탈당한 천황에게 마지막으로 남아 있던 '본연'의 모습은 바로 '벼의 왕'이었음을 새삼 느꼈기 때문이기도 하다.

어쨌거나 히로히토는 벼를 걱정하며 눈을 감았다. 이제는 더 이상 이 세상 사람이 아닌 히로히토, 그는 많은 것을 남겨둔 채 그냥 가버렸다. 일본인의 생명줄인 벼를 걱정하는 것은 좋다. 그러나 벼 이상으로 소중한 수많은 인명을 빼앗아간 전쟁에 대해 히로히토는 제대로 된 참회의 발언 하나 남기지 않았다. 자신의 책임을 밝히면서 스스로를 꾸짖지도 않았고, 역사에 진 빚을 갚기 위해서 뭐 하나 뾰족하게 정리한 것도 없다. 정치적인 명령은 할 수 없었다 해도, 도의와 대의에 맞는 자신의 입장을 밝히는 길은 남아 있었다.

그의 죽음은 결코 면책조건이 되지 못할 것이며, 오히려 모든 것을 그냥 남겨두고 간 탓에 히로히토는 역사가 기억하는 한 오래도록 비판의 화살을 면할 수 없게 되었다. 그에 대한 비판은 그의 죽음의 길이만큼이나 오래고 길지도 모를 일이다. 앞으로도 천황을 기억하는 일본인이 수없이 많을 만큼 역사를 기억하는 주변 국가의 국민들도 그 이상으로 많기 때문이다.

천황, 어디로 가느메뇨!

이름: 아키히토(明仁).
생년월일: 1933년 12월 23일.
출생지: 동경 궁성.
학력: 학습원대학 정치학과 2년 중퇴. 히로히토와 마찬가지로 해
      양생물학에도 관심이 많음.
가족관계: 부인 미치코(美智子)와의 슬하에 2남 1녀.
선친: 히로히토.

 이것이 금세기의 마지막과 21세기의 시작을 맞이하게 될 125대 헤이세이 천황의 대강 약력이다. 그의 삶도 순탄한 출발을 보인 것은 아니었다.
 앞서 본 대로 1959년 4월에 치러진 '세기의 결혼식'의 신랑이었던 그는 신혼 마차를 향해 날아드는 돌멩이 세례를 받아야 했다. 천황제에 반감을 품은 어느 소년이 던진 돌멩이였다. 그러나

훗날 발생한 다른 사건에 비한다면 이 돌멩이는 차라리 애교에 가깝다.

1975년 7월 황태자 신분이었던 그는 부부동반으로 오키나와를 방문한다. 해양박람회에 참석하기 위한 나들이였다. 그런데 그가 행차하는 오키나와는 사연이 깊은 땅이었다. 오키나와는 태평양전쟁 당시 일본에서 유일하게 전쟁터로 변했던 곳으로, 이때 15만여 명에 이르는 수많은 오키나와 사람들이 고귀한 생명을 잃었다. 씻을 수 없는 피의 상처로 얼룩진 땅이었던 것이다. '천황의 군대'에 의해서 저질러진 전쟁이었던지라, 오키나와만은 전후에도 천황제에 대한 반감이 유독 강렬했다. 생전의 히로히토도 두고두고 오키나와를 방문하고 싶어했지만, 그 뜻을 이루지 못하고 눈을 감을 정도였다. 그런 오키나와 땅을 천황가 집안 사람으로는 아키히토가 처음 밟게 된 것이다.

이에 반발하는 오키나와 단체에서는 연일 반대투쟁을 전개했다. 단일의 사태에 대비하여 무려 3천8백여 명의 경호요원이 경비태세에 들어가 있었다. 그러나 오키나와 공항에 도착하여 시내로 들어가는 도중에 "황태자 돌아가라!"는 외침이 터져나왔고, 액체 비누를 담은 병이 황태자 부부의 차량을 향해 날아들었다. 황태자 방문에 대한 불만의 표현이었다.

황태자 부부가 오키나와에서 가장 먼저 들른 곳은 히메우리(姬百合)탑이라는 곳이었다. 이 탑은 태평양전쟁 때 오키나와에서 간호사로 활약하다가 집단 자살한 종군여학생 부대를 기념하기 위한 위령탑이다. 약 2백 명 정도가 비극적인 최후를 맞이했다고 한다. 황태자는 위령탑에 헌화하고 참배하였지만, 이를 지켜보는 오키나와 사람들의 마음은 여전했다. 특히 황태자의 오키나와 방문을 반대하는 단체에서는 더더욱 그랬다. 이들 부부가 참배를 마치고 위령탑 앞에서 이런저런 설명을 듣고 있을 때 갑자기 두 명의 사나이가 위령탑 앞에 나타났다. 이들은 "황태자 돌아가라!"는 구호를 외치며, 황태자 부부를 향해 화염병과 폭죽을 내던졌다. 화염병은 황태자 부부의 불과 2미터 앞에서 폭발했으나, 두 사람 다 무사했다. 이를 '히메유리탑 사건'이라 한다. 이 사건을 통해서 새삼 오키나와의 깊은 상처를 인식한 황태자는 며칠 후 "오키나와의 상처를 깊이 반성한다"는 이례적인 담화문을 발표했다.

　이 사건은 많은 것을 의미했다. 과거를 기억하는 사람들은 전쟁 책임자였던 히로히토에 대해서 뿐만 아니라, 그의 자식에게도 맹렬한 반감을 노골적으로 드러냄으로써 천황제 자체가 지니는 문제점을 새삼 세상을 향해 보여주었다. 과거를 짊어진다는 것은 이런 것을 두고 일컫는 말인가? 아키히토는 이런 기억을 가진 채 125대 천황으로 즉위하였다. 과거에 관한 한 헤이세이 천황이 해야 할 일도 만만치 않음을 암시하는 사건이었다.

　그의 성장 과정은 역대 천황가의 사례에 비추어볼 때, 남다른 부분이 있었다. 역대 천황가의 황태자들은 궁성 내의 동궁(황태자 거처)에서 개별적인 학습을 받아왔다. 그러나 소년 아키히토는 학습원이라는 정규학교에서 일반학생들과 어울리며 중·고등학교 과정과 대학 과정까지 다닌다. 사회의 공기를 나름대로 흠뻑 마시며 소년기와 청년기를 보낸 셈이다. 가정교사도 예전 황태자와 달랐다. 일례로 히로히토가 황태자였을 때는, 당대의 유명한 장군들이 히로히토를 교육시켰다. 그러나 아키히토는 역대 처음으로 외국인에게 개인 교습을 받게 된다. 알려진 바에 의하면 히로히토 천황이 시종이나 궁내청 등의 궁성 관련자들과 아무런 상의도 하지 않고, 직접 기독교 신자인 미국인 부인을 가정교사로 맞이하고 싶다며 알선을 부탁했다고 한다. 물론 당시 점령국이었던 미국의 눈치를 보느라 어쩔 수 없이 취한 제스처였다는 얘기도 있다. 어쨌든 간에 중요한 점은 이렇게 해서 아키히토의 가정교사로 퀘이커교도인 바이닝 부인이 오게 됐다는 점이다. 퀘이커교는 절대평화주의를 표방하는 기독교 일파이다.

그러나 여기에 이르기까지 히로히토를 둘러싼 인맥간에 복잡한 갈등과 대립이 있었다고 한다. 일본의 전통적인 천황상을 구현하고자 하는 히로히토파와, 시민적이고 유럽적인 스타일을 지향하는 아키히토파가 밀고 당기고 했다는 것이다. 퀘이커교파가 이 과정에서 우위를 점하게 된 것은 히로히토 주변에 이들 교도들이 진을 치고 있었기 때문이었다. 패전 직후 문부장관(교육부장관)을 역임한 자(前田多門)도 퀘이커교도였고, 그의 아들은 최근까지 아키히토에게 프랑스어를 가르쳤다고 한다. 또한 전후 황태자 교육의 중요한 조언자였던 일본인(小泉信三)도 미국과 영국에서 공부한 국제적인 학자인데, 그 역시 퀘이커교도였다.

특히 국제적인 시야를 갖고 있던 이 일본인은 기존의 황실 분위기에 결정적인 변화의 바람을 몰고 온다. 황태자의 결혼 문제에서 '평민의 딸'과 짝을 맺게 하자는 구상도 그의 머리에서 나온다. 그는 '평민의 딸' 미치코(美智子)를 황실 깊숙한 곳으로 들어가게 만듦으로써, 전후의 민주주의에 어울리는 '대중적이고 열린' 황실을 새로 설계하고자 했던 것이다. 그리고 그의 구상대로 텔레비전을 통해서 전국에 방영된 황태자와 '평민 딸'의 결혼은 대단한 반향을 불러일으킨다. 이른바 '미치코 붐'이 일어난 것이다. 머나먼 황실은 이를 통해 모든 '평민 일본인'들에게 부쩍 가깝게 다가선다.

물론 미치코 여사는 보통 일본인과는 비교도 안 되는 유복한 상류가정 출신이다. 그러나 아무리 부잣집 딸이라 할지라도 신분상으로는 보통 일본인과 똑같은 비황족이다. 그러니 수많은 일본인들은 자기들과 거리감이 있는 황족간의 결혼에 비해, 자기들과 비슷한(?) 한 여성이 신데렐라로 나타난 것에 더 친근감을 느꼈을 것이다. 지금의 미치코 황후가 역사상 첫 '평민' 황후가 된 데에는 이런 배경이 숨겨져 있다.

한편 황태자 교육을 둘러싼 갈등에서 밀린 궁성 내의 전통주의자들은 바이닝 부인을 사정없이 비난하고 깎아내린다. 바이닝 부인 때문에 황실이 시민적으로 되어버렸고, 일본의 전통이 붕괴됐다는 식으로 말이다. 그러나 이런 비난에도 정작 아키히토는 도리어 역공을 꾀한다.

그때까지 천황가는 일반인과는 전혀 다른 '괴상한' 삶을 살아왔다. 부모와 자식 간에는 물론이고 형제나 자매도 모두가 따로따로 흩어져서 살았던 것이다. 이에 아키히토는 자기는 절대로 그렇게 생활하고 싶지 않다고 말해왔는데, 이는 다름아닌 바이닝 부인의 가르침이었다. 바이닝 부인은 한 가족이 뿔뿔이 흩어져서 사는 것은 결코 자연스런 일이 아니라고 말해왔으며, 이 때문에 전통적인 생활방식을 고집하는 궁성 내 관료들과 수차례에 걸쳐

티격태격하기도 했다. 인간사회에서는 지극히 상식적인 이야기가 궁성이라는 별스런 사회에서는 이처럼 지극히 당연하지 않은 것으로 여겨져 왔던 것이다.

그러나 아키히토는 바이닝 부인의 가르침을 실행에 옮긴다. 지금 우리가 가끔 목격하는 천황 가족이 함께 찍은 사진이라든가, 텔레비전 화면에 비치는 '단란한' 천황 가족의 모습은 단순한 제스처만은 아닌 듯하다. 만일 이것이 정치적인 연출이라 할지라도 중요한 변화인 것만은 확실하다. 화목한 가정생활의 모습을 히든카드로 내세우는 것 자체가 황실이 예전과는 달라졌음을 의미하기 때문이다. 두텁고 답답한 예전의 외투를 벗어던지고, 산뜻한 느낌의 '열린 황실'을 향하고 있는 듯한 느낌을 주기는 한다. 일본인들이 거리에 나선 천황의 며느리 이름을 '자유롭게' 부르는 것도 달라진 모습이며, 최근 '상징천황제'를 지지하는 일본인이 80퍼센트를 넘고 있는 사실도 이를 뒷받침한다. 예전 같으면 어림도 없는 '불경스런' 행위였다. 그러나 이런 흐름은 과연 바람직한 방향으로 흘러갈 것인가?

예전에 비해서는 나름대로 '열린 황실', 그러나 여기에도 일본 꼴뚜기들의 그림자가 드리워져 있다. 이들이 황실 결혼행사에 대해서 이러쿵저러쿵 불만을 토로한 것은 지금으로부터 40년 전인 1959년으로 거슬러 올라간다. 타깃은 황태자의 신붓감 후보인 미스 미치코였다. 이유는 신부 후보가 민간인 출신이라는 점이었다. 전례가 없는 일이었으니 난감한 일이기도 했으리라. 게다가 미스 미치코는 가톨릭 계통의 성심여자대학 출신이었다. 이런 점이 꼴뚜기들의 심기를 건드렸던 모양이다. 꼴뚜기들은 황태자비

후보가 민간인 출신인 점도 문제지만, 가톨릭이라는 종교적 훈도를 받은 신부를 받아들이는 것은 황실 전통을 파괴하는 일이라며 반대한다. 그러나 이들의 반발은 먹혀들어가지 않는다.

훗날의 일이기는 하지만, 실제로 미치코의 종교적 소양은 '성서사건'을 일으키기도 한다. 히로히토는 슬하에 장남인 지금의 헤이세이 천황과 그 밑에 둘째 아들(常陸宮)을 두었다. 그런데 황태자비가 된 미치코가 히로히토의 둘째 아들인 시동생에게 그리스도교에 대해서 이런저런 가르침을 줬던 모양이다. 전해지는 바에 의하면 이 때문에 시동생의 마음은 꽤나 그리스도교로 기울었다고 한다. 이 사실을 안 히로히토는 큰며느리를 호되게 나무랐고 이 충격으로 미치코는 한때 실어증에 빠지기도 했다고 한다. 히로히토에게는 서양 종교의 가르침을 받는 것과 서양 종교를 믿는 것은 별개의 문제였던 탓이리라. 신앙의 자유도 어찌 보면 열린 황실의 새로운 시대적 상징물일 수 있다. 그러나 이를 반대하는 히로히토의 모습은, 일본의 대표적인 꼴뚜기는 황실 안에 있었음을 보여주는 것인지도 모른다.

일본의 꼴뚜기들이 황실 행사에 대해서 또다시 입에 올린 것은 현 황태자(德仁;헤이세이 천황의 장남)의 신부 후봇감에 대해서였다. 황태자의 예비 신부는 황태자의 어머니처럼이나 평민 출신인 마사코(雅子)였다. 외교관을 아버지(小和田恒)로 둔 그녀도 외교관 출신으로, 하버드대학을 졸업한 미모의 재원에다 두뇌가 명석하고 전도가 양양한 커리어 우먼이었다. 이 황태자의 '러브스토리'가 떠들썩하게 연일 보도되면서 '미치코 붐'에 이어서 2대에 걸쳐 '마사코 붐'을 불러일으킨다.

약혼식을 끝내고 기자회견을 가진 두 사람은 이런저런 질문을 받는다. 마사코는 워낙에 외교관 출신이라 그런지, 황태자보다 말도 잘했다. 그런데 마사코는 이런저런 질문에 답변을 하다가 이런 말을 한다.

"(황태자를) 행복하게 해드리고 싶다."

한 여성이 자신의 평생 반려자에게 자연스럽게 표현할 수 있는 말이다. 자기 남편을 행복하게 해주고 싶다는데 무엇이 이상한가. 그러나 전통주의자들은 그렇지가 않았다. 이유는 단순하다. 황태자비가 될 사람이 어떻게 감히 황태자를 행복하게 해주고 말고 할 수 있느냐는 것이다. 베푸는 것은 황태자비가 아니라 황태자란 뜻이다. 한마디로 '조심성' 없는 어투라고 지적하고 나선 것이다.

일본적인 전통을 강조하는 이들 전통주의자들은 애초부터 서양 생활에 익숙한 마사코를 탐탁해하지 않았다. 가톨릭의 종교적 훈도를 받은 미치코 황후에 이어서 서양식 사고에 익숙한 마사코를 훗날 황후가 될 황태자비로 맞아들이는 게 심사가 편할 리 없었다. 게다가 황태자도 천황 계승자로서는 처음으로 외국 유학길에 나서서 2년 간 영국의 옥스퍼드대학에서 수학한 경험을 갖고 있었다. 이처럼 일본적 전통과는 거리가 있는 이들 신세대 젊은이들이 드디어 결혼(1993년 6월 3일)에 골인했으니, 전통주의자들의 입지는 어떻게 될 것인가? 이런저런 이유를 대가며 까탈을 부리는 것도 이런 초조감의 발로인지 모른다. 그러나 높은 인기를 몰고 다니던 마사코의 존재는 황실에 대한 일본인들의 친길감을 한층 더 높여주었다.

1992년 이들 우익 꼴뚜기들은 헤이세이 천황의 중국 방문 계획에 대해 대대적인 반대 캠페인을 전개하기도 했다. 어찌 보면 천황을 향한 비판의 포문을 연 것이다. 물론 이들 우익 꼴뚜기들이 천황제를 비판할 리는 없다. 워낙에 '평화 민주주의적인 교육'을 받은 황태자 아키히토를 탐탁해하지 않던 이들은 그런 아키히토가 새로운 천황으로 즉위하자 초조감이 더욱 증폭되었던 듯하다. 중국과의 대결을 왕왕 외치는 이들 꼴뚜기들이 보기에, 어딘가 나약하고 미덥지 못한 천황이 친히 중국 땅을 밟고 과거사를 사과하는 등의 행위는 '굴욕외교'로밖에 보이지 않았던 것이다.

헤이세이 천황의 모습이 우익 꼴뚜기들이 바라는 '군주의 상'과 거리가 멀면 멀수록, 따라서 '평화를 위해서'라든지 '민주주의'라는 말을 꺼내면 꺼낼수록 꼴뚜기들의 반발도 강해질 수밖에 없다고 보인다. 그래서 천황이 걸어갈 길이 결코 순탄치만은 않을 것이라는 예감을 갖게 되는 것이다. 만일 지극히 정치적이고 군사 문제에 다대한 관심을 갖는 황족이 등장한다면, 이들 우익 꼴뚜기들은 물을 만난 듯 설칠 것이 뻔하기 때문이다. 열린 황실과 황실의 민주화는 결코 일본만의 문제가 아닌 것이다.

천황, 과연 어디로 갈 것인가? 21세기를 목전에 둔 지금, 천황의 행보는 이런저런 이유로 관계 국가들의 관심을 끌 수밖에 없을 것으로 보인다.

부록

천황에 대해 궁금한 몇 가지

천황은 어떻게 불려왔나?

'천황' 이전에 대왕(大王)이란 것이 있었다. 이 호칭은 5세기경에 사용된 것이다. 아주 오랜 옛날 일본이 독립된 소국으로 구성되어 있을 때, 이들 소국의 통치자를 왕이라 불렀고, 대왕이란 이들 소국의 모든 왕 위에 서 있는 왕이란 의미이다.

대왕이란 호칭이 천황으로 바뀌기 시작한 것은, 일본열도가 단일한 통치체제로 통합되면서 제도적인 정비가 마무리되어가는 7세기 무렵부터였고, 그 이전에는 천자(天子)라는 호칭을 사용하기도 한다. 607년 일본이 중국 수나라 황제에게 보낸 국서에 적힌 "해 뜨는 곳의 천자가 해 지는 곳의 천자에게 보낸다"는 문구에서도 알 수 있듯이, 이때까지도 스스로 천황이라고 하지 않았다. 이 국서를 받은 중국측에서도 회신에 '倭王(왜나라 왕)'이라는 호칭을 사용하였다. 그러다가 국가의 통치체제가 제 가닥을 잡아나가는 680년 무렵에는 법적으로도 천황이라는 호칭이 자리를 잡게 된다.

만일 천황이란 호칭이 이날 이후로 계속 메이지유신까지 내려오고, 이어서 오늘날까지 연속됐으면 천황이란 호칭을 둘러싼 논란은 없었을 것이다. 그러나 훗날 이 호칭은 무슨 무슨 제(帝)라는 식으로 불리다가, 천조(天朝)로 불리다가, 천자(天子)로 불리기도 한다. 심지어 메이지유신 후에도 국내에 반포된 포고문에서 '천황'이 아니라 '천자'라는 호칭이 빈번하게 사용될 정도였다. 천황이란 호칭이 본격적으로 사용되기 시작한 것은 그 이후의 일이 되는 셈이다. 권력의 명멸과 함께 천황이란 호칭도 명멸해왔다고 보면 될 것이다.

현대 일본에서도 천황주의자들은 '천황 폐하'라는 극존칭을 쓰지만, 이에 거부감을 느끼는 사람들, 일례로 민간방송에서는 '황실'이나 '천황가' '헤이세이 천황'과 같은 호칭을 사용하기도 한다. 폐하를 붙이려니 거부감이 있고, 그냥 '천황'이라고만 하려니 우익으로부터 이런저런 협박전화에 시달리는 탓이다.

천황의 호칭을 어떻게 할 것인가 하는 문제는 우리 사회에서도 큰 논란거리이다. 예전에는 한국 정부나 언론에서도 '천황'이라 부르다가, 재일동포의 법적 지위 문제가 터진 1989년부터는 한일 관계가 악화되면서 '일왕' 혹은 '일황'으로 바꾸어 불렀다. 그런데 '일왕'이나 '일황'이란 호칭은 일반적인 것이 아니다. 지금 중국이나 대만에서도 '천황'이라 부르며, 영어권 국가들도 사정은 매한가지여서 'King'이 아니라 'Emperor'이라 한다.

작년 김대중 대통령의 방일을 전후해서 정부에서는 이런 '부자연스런' 호칭을 사용하지 않고 천황이라 부르기로 결정한 적이 있었다. 이에 대해 찬반 양론이 뜨겁게 달아오른 것은 물론이다. 이 호칭에 찬성하는 측의 논리도 만만치 않았고, 천황이란 호칭이 지니는 부당성을 주장하는 반론도 만만치 않았다. 과연 천황일까, 일왕(혹은 일황)일까? 호칭을 둘러싼 논의가 이처럼 분분한 것은 아마도 일본 내에서조차 이 호칭이 다양한 변화를 겪었기 때문일 것이다.

천황만을 위한 국화

 일본의 명문 집안에는 각각 독자적인 문양(紋樣)이 있다. 어떤 집안은 은행나무 이파리, 다른 집안은 무슨 나무 이파리 하는 식이다. 천황의 집안을 상징하는 것은 국화잎이다. 그런데 이 국화잎이 다 같은 것은 아니다.
 1926년에 정해진 제도에 따르면 '천황, 황후, 태황태후, 황태후, 황태자, 황태자비, 황태손, 황태손비의 문장은 16개의 잎을 가진 국화잎'으로 한다. 다른 황족들은 같은 국화잎이어도 14개의 이파리를 가진 국화잎만 문장으로 사용할 수 있다. 약간씩의 변화가 있기는 하지만 황족 관계자들은 모두가 국화잎을 각 가문의 문장으로 삼고 있다. 따라서 16개의 이파리를 갖춘 국화잎 문장을 대하면 반드시 천황이나 그 직계가족과 관련된 그 무엇으로 생각하면 틀림없다. 일본 대사관, 여권, 황실과 유서 깊은 신사나 절간, 하사품 등에도 이 문장이 박혀 있다. 14개의 이파리나 약간 변형된 국화 문장도 사정은 마찬가지다. 국화잎이 황실 관련 고유 문장으로 결정된 이후인 1929년 내무장관 훈령에 의해서, 민간인은 이 국화 문장을 사용할 수 없게 되었다.
 일본 황실이 국화 문장을 처음 사용한 것은 지금으로부터 약 8

백여 년 정도 거슬러 올라가는 것으로 전해진다. 가마쿠라 막부 초기인 고토바 상황 때 국화 문장을 처음 사용한 이후, 대대로 역대 황실에서 이를 사용해왔다고 한다. 참고로 일본 정부기관이 사용하는 문양은 오동나무 잎이다. 이 문양은 원래 천황의 의복에 사용하던 것이었는데, 나중에 정부기관에서 사용되기도 했다. 한편 천황의 깃발도 있는데, 이 깃발은 홍색 바탕에 금색으로 된 국화잎이 한가운데 새겨져 있다. 이 깃발은 천황의 공식 행사, 국회 개회식, 학사원이나 예술원상 수상식, 식수기념제 등에 사용된다.

   이외에도 자기난 것이 있다. 천황 전용 승용차의 차량번호는 몇 번일까라고 물으면 '0000번' '0001번' 등, 대부분의 사람들은 첫 숫자가 무엇인지를 가장 먼저 고민한다. 그러나 실제는 전혀 다르다. 천황 전용 승용차에는 차량번호가 아예 없다. 천황의 차량 번호판에는 숫자 대신 이 16개의 국화 이파리가 새겨져 있다. 일본에서 차량번호가 없는 승용차는 오로지 천황의 차밖에 없다. 따라서 차량 번호판에 이 국화 마크가 새겨져 있다면 확실하게 천황의 차라고 생각하면 될 것이다.

천황만을 위한 노래

끝났는지 말았는지 알 수 없게 뭔가 불완전한 음으로 끝나는 노래. 발랄하고 힘찬 행진곡 선율도 아니고, 그렇다고 건강하고 씩씩하게 부르는 노래도 아닌, 어쩐지 중세적인 분위기가 물씬 풍기는 늘어지는 듯한 음률의 노래, 이것이 일본의 국가인 기미가요이다.

기미가요는 천 대, 팔천 대에 조약돌이 바위가 되어 이끼가 낄 때까지.

이것이 한 소절도 생략하지 않은 기미가요의 전 가사이다. 1, 2, 3절이 있는 것도 아니고, 한 절에 몇 마디가 있는 것도 아니다. 4절씩이나 있는데다가 각 절마다 수 마디씩 있는 우리 애국가에 비한다면 짧기가 그지없다. 그 의미를 쉽게 풀어쓰면 '천황이 다스리는 세상은 작은 돌이 자라서 큰 바위가 되고, 여기에 이끼가 낄 때까지 천년 만년 영원히 번영하기를!' 이라는 뜻이다.

원래 이 노래는 오랜 옛날부터 경사스러운 날에 부르던 민간인의 생일축가로, 만수무강을 기원하는 의미를 담고 있었다. 그런 노래가 1880년에 외국인의 손을 거쳐서 지금과 같은 노래로 태어나게 된 것이다. 이 노래가 첫 선을 보인 것은 1800년대 말엽 천황의 생일을 축하하는 기념파티에서였다. 그러다 청일전쟁과 러일전쟁을 거치면서, 천황의 영광이 곧 국가와 국민의 영광이라는 이데올로기와 더불어 민족주의를 고취시키는 국가로 불리게 되었고, 노래의 내용도 천황을 찬양하는 황실축가로 자리잡게 된다. 최근(1999) 일본 외무성이 해외에 배포한 일본 소개 책자에서도 "기미가요는 천황의 치세를 의미한다"고 설명한 바 있었다. 그러나 여태껏 일본 법률에 기미가요를 일본의 국가로 정한다고 공포한 적은 단 한 번도 없었다.

대부분의 국가는 그 '민족'의 영광과 무궁한 발전을 노래한다. 때로는 자유를 노래하고, 때로는 민중을 노래하기도 한다. 그러나 기미가요만은 유독 천황 단 한 사람만을 위하여 노래한다. 슬프게도 기미가요 속에 일본인의 모습은 그림자도 없는 것이다. 전쟁의 참화가 가장 심했던 오키나와에서 기미가요에 대한 거부감이 가장 강렬한 것도, 막대한 피해를 야기시킨 천황에게 찬가를 보낼 수 없기 때문이다.

또한 최근 국기(國旗)에 대해서는 별반 거부반응을 보이지 않는 일본인들이 기미가요에 대해서만은 다양한 의견 대립을 보이고 있는 것도, 천황 찬가가 새로운 시대에 어울리지 않는다는 이유 때문이다. 바로 얼마 전인 1999년 2월 졸업식장에서 기미가요를 제창하라는 문무성(교육부)의 명령에 갈등을 겪던 고등학교 교장선생님이 스스로 목숨을 끊었다. 전 시대의 무거운 유산을 짊어진 교장선생님은 목숨을 부지한 채 이를 거부하기가 너무 버거웠던 탓이리라!

기미가요는 법률적 근거를 갖고 있지 못한 탓에 일국의 국가로서 그 정당성을 의심받아왔다. 과거 침략주의의 그림자 때문에 미국의 점령통치를 받던 시절에는 일본 국기 게양과 더불어 기미가요 제창이 금지되기도 했다. 그러나 히로히토 재위 60년을 맞는 1980년대 중반을 기점으로 학교 행사에서는 반드시 기미가요를 제창하라는 정부의 지시가 하달되곤 했다. 1999년 들어서도 보수정당이 기미가요 법제화 논의를 국회에서 활발하게 거론한 것은 이러한 전후의 흐름을 완결시키려는 시도였지만, 아직까지 '여론 미성숙' '시기상조' '신중 처리 요구'와 같은 반대의견이 만만치 않아서 난항을 겪고 있는 실정이다. 천황 홀로 모든 영광을 받으라는 기미가요, 천황의 수난사만큼이나 적지 않은 우여곡절이 예상된다.

일본의 국기는 왜 태양인가?

일본인들이 지금과 비슷한 모양의 국기를 처음 사용한 것은 1855년이다. 그러나 사실 처음에는 국기가 아니라, 깃발로 사용되었다. 이것이 만들어진 대강의 경위는 이렇다.

1854년 7월 시마즈(島津齊彬)라는 영주가 도쿠가와 막부에게 선박 한 척을 바치려고 했다. 건조가 끝나갈 무렵 이 영주는 막부의 고위관료와 면담하게 된다. 한 가지 걱정이 있었기 때문이다. 당시 선박을 만들고 있던 곳은 사쓰마란 지방으로 지금의 규슈 가고시마(鹿兒島)였다. 그런데 항해술이나 선박장치가 변변치 못해서, 수백 킬로미터나 떨어진 거나먼 도쿄까지 아무 사고 없이 선박을 끌고 갈 수 있을지가 걱정이었다. 일본 근해는 격랑도 심해서 오래 전부터 표류사고도 적지 않았던 터였다. 그래서 만에 하나 이 선박이 다른 나라로 표류해 가게 되는 경우에 대비하여 일본 선박임을 표시하기 위해 깃발을 달기로 한 것이다.

시마즈 영주는 이미 외국에서 자기 나라를 가리켜 '해의 근본이 되는 나라'라든가 '태양이 떠오르는 나라'라는 뜻의 일본이라 부르고 있을 뿐만 아니라, 일본이란 나라가 태양신에 의해서 개국되었으니 깃발도 이에 맞춰서 동그란 태양으로 하는 것이 가장 합당할 것이라는 생각을 밝힌다. 그는 이미 오래 전부터 그런 구상을 해왔던 것이다. 여기서도 천황가의 선조에 해당되는 '아마테라스오오미카미(태양신)'가 얼굴을 내밀고 있다.

그의 이야기를 들은 막부의 고위관료도 흔쾌히 찬동한다. 이리저리 조사해본 결과, 마침 다른 나라에 그런 디자인의 깃발이 없었다. 게다가 동그란 태양 디자인을 하게 되면 금방 눈에 띄어서 식별도 용이하기 때문에, 최종적으로는 "다른 외국의 선박과 헷갈리지 않도록 모든 일본 선박에서는 하얀 바탕에다 동그란 태양을 그려넣은 깃발을 사용하도록 한다"는 명령이 내려진다. 이렇게 해서 1855년 2월 25일 최초로 히노마루(日の丸) 깃발을 단 선박이 가고시마를 떠나서 지금의 도쿄 항구로 들어서게 되는 것이다.

이처럼 이때까지 이 깃발은 일본 선박과 외국 선박을 구별하기 위한 표시에 지나지 않았다. 그러다가 1852년 도쿠가와 막부는 "일본에서도 해군을 창설하게 된다면 국기가 필요하다"는 외국인의 충고를 받아들여서, 히노마루 깃발을 일본의 정식 국기로 정하게 되는 것이다. 그리고 1858년 7월 일본과 조약을 체결한 각국에게 일본 국기가 통보되기에 이른다.

이 국기를 달고 처음 외국에 나간 선박은 태평양을 첫 횡단한 칸링마루(咸臨丸)라는 군함이었고, 일장기를 단 이 군함이 기항한 곳은 미국의 샌프란시스코 항구였다. 미국에서 첫 선을 보인 일장기가 훗날 그 군국주의적인 전과 때문에 미국에 의해 게양이 금지된다는 사실은 역사의 아이러니이다.

일본 국기의 좌우 폭 길이나, 태양의 직경 크기 등이 지금과 같은 형태로 정해진 것은 메이지유신 이후인 1870년 1월 태정관(太政官) 포고령(지금의 국무총리령과 동급)에 의해서이다. 그러나 히노마루 역시 기미가요처럼이나 일본 법률에 의해 국기로 정식 결정된 적은 없다. 단지 기미가요와 히노마루의 차이점을 든다면, '천황 치세를 찬양' 하는 기미가요에 비해 '천황가의 선조 태양신'을 상징화시킨 히노마루에 대한 거부감이 덜하다는 정도이다.

여자 천황은 없는가?

일본에서 주장하는 천황가 계보에 따르면, 천황은 지금까지 125대째 이어지고 있고, 그 가운데서 여성 천황은 10대를 차지한다. 같은 사람이 이름을 바꿔서 두 번 즉위한 경우가 있기 때문에, 실제로는 8명의 여성 천황이 있었던 셈이다. 시대적으로는 고대에 8대(6명), 도쿠가와시대에 2대(2명)이고, 재위 기간은 길게는 30년, 짧게는 3년밖에 되지 않는 경우도 있다.

'여인이 일본을 완성한다'는 말이 있다. 황후의 신분이든 여제(女帝)의 신분이든, 이들 여인들이 훌륭한 신하를 만났을 때는 일본의 정치도 괜찮았다는 의미를 담고 있는 말이다. 중국의 사료에 의하면, 실제로 고대 일본에 남자 왕이 있었는데 세력 있는 호족들간의 전쟁으로 편안한 날이 없자 이들 호족들이 모여 한 명의 왕을 추대하기로 합의를 보았는데, 이때 왕으로 세워진 사람이 히미코(卑彌呼)라는 여왕이었다. 이 여왕 추대가 실패했다면 문제였을 터이나, 별다른 말이 없는 걸 보면 여왕이 추대된 후에 전란은 보기 좋게 수습되었던 모양이다. 훗날 중국 황제로부터 '왜나라 왕' 임명을 받은 이도 이 히미코 여왕이다.

그러다가 히미코 여왕이 죽게 되자 남자 왕이 들어서게 되는데, 또다시 나라가 혼란에 빠져들게 된다. 왕에게 복종하지 않으면서, 서로 죽고 죽이는 살육전이 벌어진 것이다. 어쩔 수 없게 된 호족들이 재차 여자 왕을 내세우자, 이번에도 보란 듯이 혼란이 진정되었다. 그러고 보면 '여인이 일본을 완성한다'는 말은 이렇게 오래 전부터 내려온 내력이 있었기 때문인지도 모를 일이다.

그러나 지금은 사정이 다르다. 메이지 시대 이후부터는 여성이 천황의 지위에 오르는 것을 법적으로 금지하고 있기 때문이다. 일본에는 메이지헌법과 동시에 제정된 〈황실전범〉(1889)이란 것이 있는데, 첫머리인 제1장 제1조는 황위계승에 대해서 이렇게 규정하고 있다.

"황위는 황통을 잇는 남계의 남자가 계승한다."

이 규정은 지금까지도 변함이 없다. 엘리자베스 여왕을 바다 저편에 두고 있으면서, 여성 천황은 안 된다고 못을 박고 있는 것이다. 차별적이고 매정하게(?) 버려진 천황의 딸들이다. 그러나 여기에는 복잡한 논쟁과 사연이 숨어 있다.

처음 〈황실전범〉을 만드는 과정에서는, 아들이 없으면 딸이 황위를 계승하도록 되어 있었다. 과거에도 여성 천황이 있었기 때문이다. 그러나 이 규정이 문제시된다. 첫째, 옛날 여성 천황들은 후계자가 어린 탓에 임시로 정사를 보좌하기 위한 조치로 왕위에 오른 것이므로, 유럽의 여왕들과는 다르다는 반박이다. 둘째, 부인들에게는 선거권을 주지 않으면서(부인에게 선거권이 주어진 것은 전후의 일이다), 여성 천황이 최고 정권을 잡는 것은 모순된다는 것이다. 그리고 셋째는 여성 천황이 아들을 낳게 되면, 차기 천황이 될 이 아들은 남편의 성씨를 따라야 하는 문제점이 제기된다는 것이다. 성씨가 다르면 황통이 다른 곳으로 옮겨 가게 된다는 우려였다. 그리고 한다는 말이, 다른 모든 것은 서양 것을 모방해도 괜찮지만, 황위계승에 관한 것만은 절대로 서양제도를 모방해서는 안 된다는 것이었다.

물론 이외에도 다른 이유가 있었다. 여성 천황도 언젠가는 결혼을 해야 할 텐데, 그럴 경우 일본에서 남편을 고르게 된다면 그 대상은 신하밖에 없다는 문제였다. 당시 일본은 남존여비 관습이 강한 사회였기 때문에, 잘못하면 신하인 남편이 부인인 천황 위에 있는 꼴이 되어서 천황의 존엄성이 다칠 것이라는 지적이었다. 그렇다고 해서 외국인 왕족을 남편으로 받아들이는 일은 상상도 못하던 시절이다. 이런 이유들로 해서 천황의 딸들에게 '지존'의 자리는 무지개가 되고 만다.

이 때문에 1930년대 일본 황실에는 고민이 하나 있었다. 히로히토가 결혼한 지 10년이 다 되어가는 데도 줄줄이 딸만 낳았기 때문이다. 아들이 없으면 천황 자리를 직계자손에게 넘겨줄 수 없는 문제가 발생하게 된다. 그래서 측근들 중에는 후실을 두어서라도 아들을 낳으라고 권유하는 자도 있었다. 그러다 결국에는 기다리고 기다리던 아들(지금의 헤이세이 천황)을 보기에 이른다.

전후에 들어 지금까지의 규정을 고쳐서 여성 천황을 인정하자는 논의가 국회에서 제기되기는 했으나, 결과에는 변화가 없었다. 지금 헤이세이 천황에게도 손녀만 있을 뿐 손자가 없다. 뒤늦게 결혼한 황태자는 아예 자식을 보지도 못하고 있으며, 둘째 아들은 딸만 낳고 있다. 지금은 큰아들이 있으니 후계자 문제는 없으나, 큰아들 대에 가서 사내아이를 낳지 못하게 되면 문제가 발생할 수밖에 없다. 마지막까지 사내아이를 출산하지 못할 경우 과연 어떤 조치가 취해질지 궁금한 일이다.

천황의 먹거리

천황은 과연 무엇을 먹고 살까? 천황이 무엇을 먹고 살든, 뭐 그리 대단한 문제이겠냐 하겠지만, 일본인들에게는 이것도 관심 거리 가운데 하나다. 그만큼 천황의 일상생활은 흥밋거리이기도 한 것이다.

이런 일화가 남아 있다. 패전 직후에 히로히토가 전국 방방곡 곡을 순회하던 당시, 어느 지방에 들렀는데 마침 저녁 밥상에 장어구이가 올라왔다. 자그마한 접시에 10여 마리나 되는 장어구이가 소복하게 쌓여 있었으니 적은 양이 아니었다. 그런데 배가 고픈 탓이었는지, 히로히토는 이 장어구이를 몽땅 먹어치웠다. 그 다음날 신문에는 히로히토가 장어구이를 좋아한다는 기사가 실렸고, 그날부터 히로히토는 가는 곳마다 식탁을 가득 메운 대량의 장어구이와 대면하지 않으면 안 되었다. 끼니마다 장어구이를 처리해야 했으니, 그것도 죽을 맛이었을 것이다. 그러나 사실 히로히토는 장어구이를 그렇게 좋아하지는 않았다. '헛짚은 충성' 때문에 단단히 고역을 치른 셈이었다.

알려진 바에 따르면, 히로히토는 보통 일본인들과 거의 비슷한 메뉴의 식사를 해왔다고 한다. 아침은 빵과 샐러드, 햄에그, 우유,

과일 등 일반 가정의 메뉴와 거의 비슷하다. 호텔에서 숙박하는 경우에도 이 메뉴는 거의 같고, 점심이나 저녁이라고 해서 일반 가정의 메뉴와 그리 다른 것도 없다. 다만 밥에는 항상 3할 정도의 보리를 섞었다고 하는데, 이는 영양상의 배려 때문이었다고 한다. 1989년 쓰러지고 나서 수술을 받은 뒤 히로히토의 입에서 나온 말도 "꽁치가 먹고 싶다"는 것이었다. '신'이었던 히로히토도 먹거리에 있어서는 '인간'의 범주에서 벗어나지 않았던 셈이다.

그렇다고 해서 일반인의 범주에서 벗어나는 것이 전혀 없는 것은 아니다. 예를 들면 조달되는 음식 재료가 그렇다. 천황의 식탁에 올라오는 것 가운데서 쌀, 해산물, 조미료 등 일부를 제외한 거의 대부분의 음식 재료들은 천황의 전용 목장에서 생산되는 것들이다. 야채류는 퇴비를 사용한 유기농법으로 생산되는 완전한 자연식품이고, 육류나 버터 · 햄 · 소시지 등도 이 전용 목장에서 직접 사육하는 가축을 이용해서 만든 것들이다. 건강식품만 섭취하는 셈이다.

천황가의 부엌도 일반인의 부엌과는 다르다. 그곳은 '신성한 장소'로 간주되기 때문에, 아무나 발을 들여놓을 수 없었다. 패전 후의 이야기지만, 하루는 궁내성에서 근무하게 된 어느 신참내기 고관이 신발을 신은 채 부엌으로 들어가려고 하자, 이를 본 주방장이 대뜸 "바보 자식! 정신 빠진 놈 같으니라고!"라며 큰 소리를 내질렀다고 한다. 성스러운 곳을 더럽힌다고 봤기 때문이다. 소동이 일어난 것은 물론이다. 천황의 식사 메뉴는 일반가정과 비슷하다고 얘기되지만, 부엌만은 일반가정과 '하늘과 땅' 차이라고 해도 무방하다.

　이런 이야기를 들은 적이 있다. 한국식 고급식당에는 궁중요리란 것이 있다. 이른바 옛날 우리 임금님들이 먹었던 음식 메뉴이다. 그러나 일본에는 궁중요리란 것이 없다. 그게 뭐 그리 대단한 일이냐 싶겠지만, 가만히 생각해보면 '대단한' 일일 수도 있다. 조선왕조의 궁중요리가 시중의 식당에 나도는 것은, 다름아니라 조선왕조가 망했기 때문이고, 일본의 궁중요리가 시중에 없는 것은 천황가가 망하지 않은 때문이다. 조선의 국권을 박탈한 천황은 조선왕조의 궁중요리를 시중으로 내몬 셈이고, 정작 천황의 궁중요리는 소문으로만 알려졌을 뿐 아무도 그 실체를 목격하지 못하고 있는 것이다. 궁중요리 하나에도 이처럼 한일간의 뒤얽힌 역사가 숨쉬고 있는 셈이다.

일본 최고의 저택, 황거

日本國 東京都 千代田 1번지 1호.

이것이 바로 천황이 거주하는 저택 황거의 주소이다. 세계적인 대도시인 도쿄의 한복판에 자리 잡고 있는 황거는 30만 평이 넘는 대규모이다. 원래 천황의 거주지는 교토(京都)에 있었다. 그런데 메이지유신이 일어나던 해에 수도를 옮겨야 한다는 논의가 제기되면서, 1천 년 넘게 살아오던 교토를 떠나 1868년 지금의 도쿄로 거처를 옮긴다. 도쿄로 수도를 옮긴 메이지 천황은 도쿠가와 장군이 거처하던 에도 성으로 입주한다. 멸망한 장군의 성으로 들어가 앉게 되었으니, 몰수한 적장의 재산을 이용한 셈이다. 그 후 천황은 계속해서 이곳에 머물게 된다.

이 성은 시대와 더불어 커다란 변화를 겪는데, 1873년에는 화재로 인해 성이 소실되기도 하고, 1945년 5월에는 미군의 일본 본토 공습 때 잿더미로 변하기도 한다. 지금의 황거는 전후에 새로 단장된 궁전을 중심으로 이루어져 있다. 천황이 처음 이곳에 자리를 잡았던 1868년에는 동경성(東京城)으로 불렸다가, 다음 해인 1869년에는 황성(皇城)으로 바뀐다. 그러다가 1889년에는 궁성(宮城)으로 개칭되는데, 한때 일본 제국주의가 우리 국민에게 강요했던 '궁성 요배'란 것은 바로 천황이 거처하는 이 궁성을 향해서 절을 하라는 의미였다. 그러나 궁성이란 호칭도 일본의 패전과 함께 변화하여 패전 후인 1948년 지금의 황거로 변경된 채 오늘에 이르고 있다.

한때 어두웠던 시절과는 달리, 지금은 일반인에게도 개방되어 있다. 성인 단체이거나 초등학교 4학년 이상의 학교 단체, 성년의 외국인은 오전과 오후 각 한 차례에 걸쳐 황거 안으로 들어갈 수 있다. 그러나 경비상의 이유로 방문 수속 절차나 규정은 꽤나 까다롭다. 신년 하례식과 천황 생일날은 일반에게 공개되는 날이어서 수많은 인파가 이곳 황거로 몰려든다. 몰려든 인파 때문에 10여 명이 압사한 사건이나 히로히토를 향해서 오물을 던진 사건, 빠찡코 알을 발포한 사건 등도 이때 터진 일들이다. 수많은 인파가 몰려드는 이때도 모든 소지품을 일일이 체크할 만큼 경비는 철저하다.

천황의 재산 목록

　천황이 권력을 장악하게 되는 메이지유신 이후가 되면 천황가는 일본 최고의 재산가가 된다. 천황은 메이지헌법에 의해 국고에서 매년 일정한 액수를 경비로 지급받게 되어 있었지만, 이 경비는 말 그대로 소소한 '떡값'에 지나지 않았다. 실제 천황의 전 재산은 이 경비의 수천 배에 달했던 것이다.
　일본에서 가장 좋은 산림과 엄청난 넓이의 농경지와 목장·평야·수많은 궁전, 그리고 일본의 금융·산업에서 지배적인 위치에 있던 은행과 회사의 주식·공사채, 식민지 수탈을 위한 국책회사의 주식이나 미술품·보석·현금 등이 천황의 진짜 숨은 재산이었다. 천황은 일본 최고의 대지주이면서, 동시에 당대 최고 재벌에도 결코 뒤떨어지지 않는 대자본가였다.
　황실이 이처럼 막대한 재산을 구축하게 된 것은, 천황 정치가 원활하게 수행되기 위해서는 상당한 돈이 필요할 것이라고 일찍이 내다봤기 때문이었다. 일례로 헌법이나 의회가 만들어지고 만에 하나 의회에서 반대세력에 의해 정부 예산안이 부결되는 경우, 이와 무관하게 천황의 관리와 군대를 유지하기 위해서는 대단한 재력이 필요하다고 판단한 것이다. 실제 메이지 천황은 이런 막대한 재산을 의회를 조종하는 데 사용하거나, 군비를 확장하는 데 필요한 일부 경비로 정부에 제공하기도 했다. 패전 당시인 1945년 10월 천황의 재산은 토지, 건물, 현금, 유가증권 등을 포함해서 약 16억 엔에 달했다. 이 무렵 일본의 대표적인 재벌인 미쓰이(三井)의 재산도 불과 수억 엔에 지나지 않았다.

그러나 이처럼 막대했던 천황의 재산도 패전과 함께 일거에 사라진다. 일본을 점령한 미국도 점령 초기부터 천황의 재산 문제를 중시하는데, 이에는 나름의 이유가 있었다. 천황제를 존속시키기로 결정한 미국은 만에 하나라도 천황이 막대한 재산을 그냥 보유하게 된다면, 장래에 화근이 될지도 모른다는 우려를 한 것이다. 이 때문에 미국은 정치적으로 천황의 모든 권한을 박탈하는 동시에, 경제적으로는 천황의 재산을 국고로 환수시킴으로써 '천황 재벌'을 해체시키려 했던 것이다.

결국 신헌법에서는 "모든 황실 재산은 국가에 속한다. 황실의 모든 비용은 예산을 올려서 국회의 의결을 거치지 않으면 안 된다"고 정하게 된다. 이 규정에 따라서 막대한 천황 재산의 90퍼센트 이상이 재산세로 국가에 환수되고, 나머지도 거의 전부가 국가 재산으로 옮겨진다. 이로써 최종적으로는 국가에 대한 천황의 경제적 독립은 상실된다. 하지만 그렇다고 해서 천황이 빈털털이가 된 것은 아니다. 천황을 위한 행사라면, 수천억 원이라는 엄청난 돈을 그리 어렵지 않게 쓰는 나라가 또한 일본이기 때문이다. 누가 천황을 가난하다고 하겠는가?

천황은 단순한 '일본의 상징' 인가?

1946년 5월에 제정된 일본 헌법 제1조는 "천황은 일본국의 상징이며, 일본 국민 통합의 상징이다"라고 되어 있다. 천황이 '일본의 상징'이라는 표현은 바로 여기서 비롯된다. 그렇다면 과연 천황은 순전히 로봇과 같은 상징이기만 할까? 일본국 헌법에 명시되어 있는 다음 사항들을 눈여겨보면 천황의 지위가 짐작이 될 것이다.

국회는 천황이 소집한다.
국회의원을 뽑는 총선거는 천황이 공시한다.
행정부의 수장은 천황이 임명한다.
사법부의 최고책임자인 최고재판소 장관은 천황이 임명한다.
대사나 공사의 신임장은 내각이 보낸다. 그러나 신임장과 함께 인증장이 없으면 상대국은 그를 받아들이지 않는데, 이 인증장은 천황이 제출한다.
외국의 대사나 공사는 천황이 받아들인다.
천황은 국민에게 영전을 준다.

일본의 3부 요원 임명을 비롯해서 총선거·외교관계·영전권 등, 이 모든 문제에서 천황은 결코 제3자가 아니다. 형식상의 절차에 지나지 않는다고 하지만, 간단히 얘기해서 천황이 국회를 소집하기 싫으면 천황의 소집 지시가 있을 때까지 기다리지 않으면 안 되는 문제가 발생할 수도 있다. 국회 내에서 수상을 뽑더라도, 만에 하나 천황이 임명해주지 않으면 내각은 출발할 길이 없다. 선출된 자를 단지 '임명'할 뿐이지만 천황의 행위는 절차상 매우 중요한 일들이기 때문에, 그만큼 천황의 지위나 비중은 클 수밖에 없다. '상징'적인 존재가 수행하는 역할치고는 대단한 역할이 아닐 수 없다. 국민들이 받는 영전도 '국민의 이름'으로서가 아니라 천황의 이름으로 받게 되니, 천황이 베푸는 은혜가 어찌 됐든 대단할 수밖에 없지 않을까?

게다가 이 영전을 나타내는 훈장의 명칭이나 등급, 디자인은 천황이 국가의 모든 권한을 독점하던 구시대에 쓰이던 것과 똑같다. 침략주의 일본제국 천황이 주던 훈장이나 '평화헌법' 하의 천황이 주는 훈장이 똑같다는 것은, 과거의 잔재가 지금도 헌법 속에 여전히 숨쉬고 있음을 의미한다. 게다가 일본의 수상을 총리대신이라 부르고 있으니, 이 '대신(大臣)'이란 호칭은 결국 일본 국민의 일꾼으로서가 아니라 천황의 '신하'로서 국사를 담당하고 있다는 말이 되어버린다.

사람이 '상징'으로 되어 있는 나라는 일본밖에 없다는 지적이 있으나, 그 속을 들여다보면 천황은 결코 단순한 상징만은 아닌 것이 분명하다. 절차상으로라도 천황이 국사에 개입할 수 있는 길을 만들어둔 것에는 나름대로 깊은 모종의 의도가 숨어 있는지도 도를 일이다. 한때 무덤에서조차 꽃을 피운 천황이다. 하물며 이 정도의 힘이라면 꽃 정도가 아니라 그 이상의 열매를 맺게 하는 것도 그리 어려운 일만은 아닐 성싶다.

천황의 지지도는 얼마나 될까?

패전 직후 히로히토가 폐허로 변한 전국 각지를 순회할 때, 그를 맞이하는 일본인들의 반응은 어떤 일체감 같은 것이었다. 그의 방문에 항의하는 움직임이 없었던 것은 아니지만, 그런 반응이 다수는 아니었다. 이미 패전 직후부터 천황을 바라보는 일본인들의 시선이 비판적이지 않았음을 엿볼 수 있다. 한마디로 '전범 히로히토'라는 의식과는 거리가 멀었던 것이다.

이와 관련해서 천황의 지지도에 대한 흥미 있는 통계가 있다. 패전 직후(1945년 12월) 일본여론조사연구소가 각계 지도층 5백 명을 대상으로 천황제에 대한 조사를 실시했는데, 조사결과 '천황제 지지'가 91.3퍼센트에 이르렀다. 그런데 흥미 있는 것은 이 중에서 정치적인 국가원수로서의 천황제를 지지하는 사람은 15.9퍼센트에 지나지 않았다는 점이다.

즉 정치적인 천황을 지지하는 사람은 그리 많지 않다는 의미이다. 천황제 지지자 가운데서 '도의적인 중심'으로서 천황을 지지하는 사람이 45.3퍼센트로 대다수를 차지했고 영국식 천황을 지지하는 사람도 28.4퍼센트나 되었다. 패전 직후의 충격으로 천황제를 비판적으로 바라보는 사람이 많았던 탓인지, 80퍼센트가 넘는 사람이 예전과 같은 천황에 대해서는 반대 의사를 표하고 민주화되고 비정치적인 천황을 바라고 있었음을 엿볼 수 있다.

이런 정서가 결국에는 천황제 폐지라는 방향보다는 '상징천황제' 수용이라는 방향으로 나타난 셈이다. 실제로 '상징천황제'를 규정한 현 헌법이 발표된 1946년 5월에 실시된 여론조사에 의하면 지지가 85퍼센트, 반대가 13퍼센트로 나타났다. 그 후 1970~1980년대에도 '상징천황제'를 지지하는 비율은 거의 지속적으로 70퍼센트 대에서 들락거리는 경향을 보이다가, 최근에는 80퍼센트 선을 돌파하기도 한다.

일본 사회는 천황제 반대를 부르짖는 집단에 대해서나, 천황주의를 내세우며 설쳐대는 집단에 대해서나 모두 탐탁하게 여기는 편이 아니다. '상징천황제'인 지금 이대로가 좋다는 사람들이 다수를 차지하고 있기 때문이다. 천황에 대한 외국의 비판적인 논조가 먹혀들어가지 않는 이유도, 알고 보면 이 '상징천황제'를 지지하는 정서가 폭넓게 깔려 있는 탓이다. 이런 정서는 현 황실에 대한 친근감이 강화될수록 점점 확대될 것으로 생각된다. 어떤 의미에서 보면, 황실이 또 다른 측면에서 일본인의 '패션'으로 자리잡아가고 있기 때문인지도 모른다.

|글을 마치며|

　짧지 않은 세월 동안 일본에 대해 학습하면서 고대부터 현대에 이르기까지 천황과 관련된 많은 자료를 접해왔다. 거기서 목격한 천황의 얼굴은 흥미(?) 있는 것들이었다. 천황은 위엄에 넘치고 오로지 만인의 존경만을 받아왔을 것으로 생각했는데, 실은 그렇지만은 않았다. 이런 흥미로운 사실들을 기록해두면서, 언젠가는 이 이야기를 많은 사람들에게 소개하고 싶었다. 다행히 그런 기회가 찾아왔고, 미흡하나마 필자의 개인적인 연구 체험을 많은 독자들과 공유하기 위해서 펜을 들었다.
　천황과 관련된 서적은 일본 내에서만 수천 편이 나와 있다. 천황에 대해서 말도 많은 만큼, 연구도 많은 셈이다. 게다가 서로 상반되는 주장이 수없이 뒤섞여 있는 탓에, 일본인들조차도 도대체 천황을 어떻게 이해하면 될지 종잡을 수 없어한다. 일본에서조차 이런 형편이니, 외국인에게야 더 이상 말할 나위가 없다.
　이런 사정은 우리도 마찬가지다. 관심이 있든 없든 우리는 일본이란 존재를 접할 수밖에 없다. 그리고 일본이란 존재를 접했을 때, 우리 앞에 다가서는 것은 싫든 좋든 천황이란 존재이다. 그러나 우리들 머릿속에 있는 천황은 그야말로 실체가 제대로 잡히지 않는 '구름'이다. 천황에 대한 책이 많이 나와 있는 편도 아니니, 사실 이 '구름'을 잡을 수 있는 길은 묘연하기만 하다. 실제 대형서점 사이트로 들어가서 '천황'이라는 검색어를 치면, 웬걸 '므슨 무슨 천황'이라는 무협지가 튀어나오는 판국이다. 이처럼 정보가 빈곤하니, 히로히토 한 명만 보고 모든 천황을 부정적으로 속단하는 이도 적지 않다.

필자 또한 부정적인 천황관에서 자유로웠던 것은 아니다. 이 글의 도처에도 마치 의도적인 양, 천황의 어두운 측면이 유독 부각된 부분이 있다. 그러나 이것은 결코 '표적 저술'의 결과가 아니다. 여기에 쓰여진 거의 대부분의 내용은 '객관적 사실과 기록'을 중심으로 한 것일 뿐이다. 천황에 대한 독자들의 폭넓은 상식과 이해를 도모하기 위해 '있는 그대로'의 다양한 천황의 모습 중 필요한 부분만 선택적으로 그려나갔을 따름이다. 따라서 이 한 권의 책 안에 천황의 모든 얼굴이 전부 다 그려져 있는 것은 아니다. 필자에게는 앞으로 남겨진 작업도 있고, 무엇보다도 좀 더 뛰어난 학자와 작가에 의해 풍부한 내용을 담은 새로운 글이 나오게 될 것이다. 필자 또한 그런 글을 진심으로 기다려 마지않는 바이다.

마지막으로 보잘것없는 한 편의 글을 성심으로 읽어주신 독자 제현에게 감사의 마음을 전하면서 펜을 내려놓는다.

| 주요 인용문헌 |

(가나다 순)

加茂眞淵,〈國意考〉, 平重道·阿部秋生 校注,《近世神道論·前期國學》, 日本思想大系39(東京:岩波書店, 1972).

家永三郎,《太平洋戰爭》(東京:岩波書店, 1968).

姜東鎭,《日本近代史》(서울:한길사, 1985).

姜洪重,〈東槎錄〉, 민족문화추진회,《해행총재 Ⅲ》(서울:민족문화문고간행회, 1975).

경섬,〈海槎錄〉, 민족문화추진회,《해행총재 Ⅱ》(서울:민족문화문고간행회, 1974).

고로닌,《ロシア士官の見た德川日本》, 德力眞太郎 역(東京:講談社, 1985).

곤찰로프,《日本渡航記》, 井上滿 역(東京:岩波書店, 1941).

〈公議所日誌〉, 朝倉治彥 편,《太政官日誌》별권 4(東京:東京堂, 1985).

菊池駿助 편집,《德川禁令考》, 前聚第一帙(東京:吉川弘文館, 1931).

宮本武藏,《五輪書》, 渡邊一郎 校注(東京:岩波文庫, 1985).

旗田巍,《日本人の朝鮮觀》(東京:勁草書房, 1969).

吉野作造 편,《明治文化全集 雜史篇》제22권(東京:日本評論社, 1929).

김은태,《단군선단의 역사》(서울:해인, 1991).
南晚星 편,《東經大典》(서울:을유문화사, 1973)
納武津 述,《朝鮮人の研究》, 野澤源之 編(東京:世界思潮研究會, 1923).
네즈 마사시,《天皇家の歷史》상·하(東京:三一書房, 1973).
多木浩二,《天皇の肖像》(東京; 岩波新書, 1988).
戴季陶,《日本論》, 市川宏 역(東京:社會思想社, 1983).
東京日日新聞社會部 편,《戊辰物語》(東京; 岩波文庫, 1983).
藤本勝次 책임편집,《コーラン》(東京:中央公論社, 1970).
藤原彰,《軍事史》(東京:東洋經濟新報社, 1961).
賴山陽,〈日本外史〉,《賴山陽》, 賴惟勤 책임편집(東京:中央公論社, 1972).
모라에스,《日本精神》, 花野富藏 역(東京:講談社, 1992).
毛利敏彦,《大久保利通》(東京:中央公論社, 1969).
武田祐吉 역주,《新訂 古事記》(東京:角川文庫, 1977).
박대양,〈東槎漫錄〉, 민족문화추진회,《해행총재》(서울:민족문화문고간행회, 1977).
飯塚浩二,《日本の精神的風土》(東京:岩波新書, 1952).
발리냐노,《日本巡察記》, 松田毅一 외 역(東京 平凡社, 1973).
福澤諭吉,《學問のすすめ》(東京:岩波文庫, 1942).
福澤諭吉,《文明論之槪略》(東京:岩波文庫, 1962).
本居宣長,《うひ山ふみ·鈴屋答問錄》, 村岡典嗣 교정(東京:岩波文庫, 1934).
北畠親房,《神皇正統記》, 松村武夫 역(東京:敎育社, 1980).
寺崎英成, マリコ·テラサキ·ミラー 편저,《昭和天皇獨自錄》(東京:文藝春秋, 1991).
사뮤엘즈,〈アメリカの'日本論'を總點檢する〉, 鈴木健次 역,《中央公論》(東京:中央公論社, 1992·5).
思想の科學研究會 편,《共同硏究·日本占領軍 その光と影》(東京:德間書店, 1978).

社會敎育協會 편,《勤皇文庫》, 御聖德篇(東京 : 社會敎育協會, 1940).
山鹿素行,《中朝事實》(東京 : 中朝事實刊行會, 1985).
山住正己,《敎科書》(東京 : 岩波書店, 1970).
山縣大貳,《柳子新論》, 川浦玄智 역주(東京 : 岩波文庫, 1943).
三笠宮崇仁,〈闇に葬られた皇室の軍部批判〉,《THIS IS 讀賣》(1994. 8).
서현섭,《일본인과 천황》(서울 : 고려원, 1997).
石原道博, 和田淸 편역,《魏志倭人傳・後漢書倭傳・宋書倭國傳・隋書倭國傳》(東京 : 岩波書店, 1951).
石原道博 편역,《舊唐書倭國日本傳・宋史日本傳・元史日本傳》(東京 : 岩波文庫, 1986).
石井硏堂,《明治事物起源》상・하(東京 : 春陽堂 1944).
成瀨恭,《歪められた國防方針》(東京 : サイマル出版會, 1991).
巢鴨遺書編纂會 편집,《世紀の遺書》(東京 : 巢鴨遺書編纂會刊行事務所, 1953).
松本三之介,《近代日本思想大系》, 30(東京 : 筑摩書房, 1976).
升味準之輔,《日本政治史 1》(東京 : 東京大學出版會, 1988).
시볼트,《江戶參府紀行》, 齊藤信 역(東京 : 平凡社, 1967).
新井白石,《讀史餘論》, 桑原武夫 편집,《新井白石》(東京 : 中央公論社, 1969).
安積澹泊,〈大日本史贊藪〉, 松本三之介・小倉芳彦 校注,《近世史論集》, 日本思想大系 48(東京 : 岩波書店, 1974).
安丸良夫,《近代天皇像の形成》(東京 : 岩波書店, 1992).
岩村忍,《元朝秘史》(東京 : 中公新書, 1963).
鈴木正幸,《皇室制度-明治から戰後まで-》(東京 : 岩波新書, 1993).
와그만,《ワグマン日本素描集》, 淸水勳 편(東京 : 岩波書店, 1987).
宇治谷孟 역,《日本書紀》상・하(東京 : 講談社, 1988).
熊澤蕃山,〈集義和書〉, 伊東多三郎 편,《中江藤樹・熊澤蕃山》(東京 : 中央公論社, 1976).
熊澤蕃山,〈集義外書〉, 伊東多三郎 편,《中江藤樹・熊澤蕃山》(東京 : 中

央公論社, 1976).
이경직, 〈扶桑錄〉, 민족문화추진회, 《해행총재 Ⅲ》(서울 : 민족문화문고간행
회, 1975).
伊藤博文, 『憲法義解』, 宮澤俊義 校註(東京 : 岩波文庫, 1940).
李載浩 역, 《三國遺事(上)》(서울 : 광문출판사, 1967).
이형구, 《단군과 단군조선》(서울 : 살림터, 1995).
任絖, 〈丙子 日本日記〉, 민족문화추진회, 《해행총재 Ⅲ》(서울 : 민족문화문고
간행회, 1975).
慈圓, 〈愚管抄〉, 永原慶二 편집, 《慈圓・北畠親房》(東京 : 中央公論社, 1971).
荻生徂徠, 《政談》, 辻達也 校注(東京 : 岩波文庫, 1987).
田邊繁子 역, 《マヌの法典》(東京 : 岩波文庫, 1953).
田中義成, 《織田時代史》(東京 : 講談社, 1980).
井上光貞, 笠原一男, 兒玉幸多, 《詳說 日本史》新版(東京 : 山川出版社, 1975).
井上淸, 《天皇制》(東京 : 東京大學出版會, 1953).
井上淸, 《日本の歷史》上・中(東京 : 岩波新書 1963).
井上淸, 《天皇の戰爭責任》(東京 : 現代評論社, 1975).
井上淸, 《天皇・天皇制の歷史》(東京 : 明石書店, 1986).
朝鮮史硏究會 편, 《朝鮮史入門》(東京 : 太平出版社, 1966).
《朝鮮人の思想と性格》(京城 : 朝鮮總督府, 1927).
《週刊讀賣》, 臨時增刊号(1989. 1. 25).
《週刊朝日》, 緊急增刊號(1988. 1. 25).
〈主要外交文書〉, 外務省外交史料館 日本外交史辭典 編纂委員會 편집, 《日本外交辭典》(東京 : 大藏省 1979).
竹越與三郞, 《二千五百年史》상・하, 中村哲 교열(東京 : 講談社學術文庫, 1990).
中村紀久二, 《敎科書の社會史》(東京 : 岩波新書, 1992).
〈集議院日誌〉, 石倉治彦 편, 《太政官日誌》, 별권4(東京 : 東京堂, 1985).

參謀本部所藏 편, 《敗戰の記錄》, 明治百年史叢書(東京：原書房, 1967).
《天皇制の現在》, 總合特集シリーズ―33(東京：日本評論社, 1986).
《天皇制·入門》(東京：JICC출판국, 1989).
村上重良, 《近代詔勅集》(東京：新人物往來社, 1983).
村井益男, 《江戶城》(東京：中公新書, 1964).
土屋義衛 편저, 《資料 近代日本史》(東京：新聞資料硏究會, 1933).
下村海南, 《終戰秘史》(東京：講談社學術文庫, 1985).
鶴見俊輔, 《戰時期日本の精神史―1931〜1945年―》(東京：岩波書店, 1982).
홍순백 구술, 《事行寶鑑》, 제1집(서울：고대원출판사, 1992).
會澤安, 〈新論〉, 橋川文三 편집, 《藤田東湖》(東京：中央公論社, 1974).
後藤靖 편, 《天皇制と民衆》(東京：東京大學出版會, 1976).
휫셀, 《日本風俗備考 1》, 庄司三男·沼田次郎 역주(東京：平凡社, 1978).

|역대 천황 인명|

(괄호 안 연도는 즉위년과 퇴위년임)
1대 즈무(神武 : B.C. 660~B.C. 585)
2대 스이제이(綏靖 : B.C. 581~B.C. 549)
3대 안네이(安寧 : B.C. 549~B.C. 511)
4대 이토쿠(懿德 : B.C. 510~B.C. 477)
5대 코우쇼(孝昭 : B.C. 475~B.C. 393)
6대 코우안(孝安 : B.C. 392~B.C. 291)
7대 코우레이(孝靈 : B.C. 290~B.C. 213)
8대 코우겐(孝元 : B.C. 214~B.C. 158)
9대 카이까(開化 : B.C. 158~B.C. 98)
10대 스진(崇神 : B.C. 97~B.C. 30)
11대 스이닌(垂仁 : B.C. 29~70)
12대 케이코(景行 : 71~130)
13대 세이무(成務 : 131~190)
14대 쥬아이(仲哀 : 192~200)
15대 오우진(應神 : 270~310)
16대 닌토쿠(仁德 : 313~399)
17대 리쮸(履中 : 400~405)

18대 한제이(反正 : 406~410)
19대 인고우(允恭 : 412~453)
20대 안고우(安康 : 453~456)
21대 유랴쿠(雄略 : 456~479)
22대 세이네이(淸寧 : 480~484)
23대 켄소우(顯宗 : 485~487)
24대 닌켄(仁賢 : 488~498)
25대 부레쯔(武烈 : 498~506)
26대 케이타이(繼體 : 507~531)
27대 안칸(安閑 : 531~535)
28대 센카(宣化 : 535~539)
29대 킨메이(欽明 : 539~571)
30대 비타쯔(敏達 : 572~585)
31대 요우메이(用明 : 585~587)
32대 스슌(崇峻 : 587~592)
33대 스이코*(推古 : 592~628)
34대 죠메이(舒明 : 629~641)

35대 코우교쿠*(皇極 : 642~645)	65대 카잔(花山 : 984~986)
36대 코우토쿠(孝德 : 645~654)	66대 이치죠(一條 : 986~1011)
37대 사이메이*(齊明 : 655~661)	67대 산죠(三條 : 1011~1016)
38대 텐지(天智 : 668~671)	68대 고이치죠(後一條 : 1016~1036)
39대 코우분(弘文 : 671~672)	69대 고스자쿠(後朱雀 : 1036~1045)
40대 텐무(天武 : 673~686)	70대 고레이제이(後冷泉 : 1045~1068)
41대 지토우*(持統 : 690~697)	71대 고산죠(後三條 : 1068~1072)
42대 몬무(文武 : 697~707)	72대 시라카와(白河 : 1072~1086)
43대 겐메이*(元明 : 707~715)	73대 호리카와(堀河 : 1086~1107)
44대 겐쇼*(元正 : 715~724)	74대 토바(鳥羽 : 1107~1123)
45대 쇼우무(聖武 : 724~749)	75대 스토쿠(崇德 : 1123~1141)
46대 코우겐*(孝謙 : 749~758)	76대 코노에(近衛 : 1141~1155)
47대 쥰닌(淳仁 : 758~764)	77대 고시라카와(後白河 : 1155~1158)
48대 쇼우토쿠*(稱德 : 764~770)	78대 니죠(二條 : 1158~1165)
49대 코우닌(光仁 : 770~781)	79대 로쿠죠(六條 : 1165~1168)
50대 칸무(桓武 : 781~806)	80대 타카쿠라(高倉 : 1168~1180)
51대 헤이제이(平城 : 806~809)	81대 안토쿠(安德 : 1180~1185)
52대 사가(嵯峨 : 809~823)	82대 고토바(後鳥羽 : 1184~1198)
53대 쥰나(淳化 : 823~833)	83대 쯔찌미카도(土御門 : 1198~1210)
54대 닌묘우(仁明 : 833~850)	84대 쥰토쿠(順德 : 1210~1221)
55대 몬토쿠(文德 : 850~858)	85대 쥬쿄우(仲恭 : 1221~1221)
56대 세이와(淸和 : 858~876)	86대 고호리카와(後堀河 : 1221~1232)
57대 요우제이(陽成 : 877~884)	87대 시죠(四條 : 1232~1242)
58대 고코(光孝 : 884~887)	88대 고사가(後嵯峨 : 1242~1246)
59대 우다(宇多 : 887~897)	89대 고후카쿠사(後深草 : 1246~1259)
60대 다이고(醍醐 : 897~930)	90대 카메야먀(龜山 : 1259~1274)
61대 스자쿠(朱雀 : 930~946)	91대 고우다(後宇多 : 1274~1287)
62대 무라카미(村上 : 946~967)	92대 후시미(伏見 : 1288~1298)
63대 레이제이(冷泉 : 967~969)	93대 고후시미(後伏見 : 1298~1301)
64대 엔유우(圓融 : 969~984)	94대 고니죠(後二條 : 1301~1308)

95대 하나조노(花園 : 1308~1318)
96대 그다이고(後醍醐 : 1318~1339)
97대 그무라카미(後村上 : 1339~1368)
98대 죠케이(長慶 : 1368~1383)
99대 그카메야마(後龜山 : 1383~1392)
100대 고코마쯔(後小松 : 1392~1412)
101대 쇼코우(稱光 : 1414~1428)
102대 고하나조노(後花園 : 1429~1464)
103대 고쯔찌미카도(後土御門 : 1465~1500)
104대 고카시와타라(後柏原 : 1521~1526)
105대 고나라(後奈良 : 1536~1557)
106대 오오기마찌(正親町 : 1560~1586)
107대 고요우제이(後陽成 : 1586~1611)
108대 고미즈노오(後水尾 : 1611~1629)
109대 메이쇼*(明正 : 1630~1643)

110대 고코우묘(後光明 : 1643~1654)
111대 고사이(後西 : 1656~1663)
112대 레이겐(靈元 : 1663~1687)
113대 히가시야마(東山 : 1687~1709)
114대 나카미카도(中御門 : 1710~1735)
115대 사쿠라마치(櫻町 : 1735~1747)
116대 모모조노(桃園 : 1747~1762)
117대 고사쿠라마치*(後櫻町 : 1763~1770)
118대 고모모조노(後桃園 : 1771~1779)
119대 코우카쿠(光格 : 1780~1817)
120대 닌코우(仁孝 : 1817~1846)
121대 코우메이(孝明 : 1847~1866)
122대 메이지(明治 : 1868~1912)
123대 다이쇼(大正 : 1915~1926)
124대 쇼와(昭和 : 1928~1989)
125대 헤이세이(平成 : 1989~   )

- 출전 : 《日本史辭典》(東京, 角川書店, 1966). 천황의 대수는 《皇統譜》에 따른 것이며, 25대까지는 《일본서기》에 따랐음.
- * 표시는 여자 천황을 가리킴.

누가 일본의 얼굴을 보았는가

- 1999년 8월 9일 초판 1쇄 인쇄
- 1999년 9월 10일 2쇄 발행
- 지은이 ──────── 이규배
- 펴낸이 ──────── 김학원
- 기획이사 ─────── 박혜숙
- 편집 ───────── 김주영
- 디자인 ──────── 이열매
- 영업 ───────── 이동훈, 엄현진
- 제작 ───────── 김영회
- 인쇄 ───────── 백왕인쇄
- 제본 ───────── 정민제본
- 펴낸곳　도서출판 푸른역사
　　　　우120-013 서울시 서대문구
　　　　충정로 3가 270 푸른숲빌딩 4층
　　　　전화:02·364-7817, 7830(편집부)
　　　　　　02·364-7871~3(영업부)
　　　　팩스:02·364-7874
　　　　등록:1997년 2월 14일 제13-483호

ⓒ 이규배, 1999
ISBN 89-87787-15-X 03910

* 푸른역사는 도서출판 푸른숲의 자회사입니다.
* 잘못 만들어진 책은 교환해 드립니다.
* 인지는 저자와의 협의하에 생략합니다.

독 자 엽 서

100년 전과 100년 후를 내다보는 푸른역사는 인간이 중심에 선 역사를 지향합니다.
아래의 물음에 답하여 보내주신 엽서는 좋은 책을 펴내는 소중한 자료로 쓰여집니다.

구입하신 책 제목

구입하신 곳 □에 있는 □서점

이 책을 구입하시게 된 동기
- 주위의 권유 □ 서울무 보유 □ 광고를 보고 □
- 광고를 본 매체: 신문이나 잡지 이름:
  라디오나 TV 프로그램 이름:
  기타:
- 기사나 서평을 보고

신문이나 잡지 이름:
라디오나 TV 프로그램 이름:
푸른역사 홍보물:
서평 혹은 기타:

- 서점에서 우연히 (제목 □ 표지 □ 내용 □)이 눈에 띄어서
- 이미 (작가 □ 푸른역사 □)를 읽고 있어서

이 책을 읽고 난 느낌
- 내용이 기대만큼: 만족 □ 보통이다 □ 불만이다 □
- 제목이: 좋다 □ 보통이다 □ 나쁘다 □
- 본문 편집이: 좋다 □ 보통이다 □ 나쁘다 □
- 표지가: 좋다 □ 보통이다 □ 나쁘다 □
- 종이 싶이: 좋다 □ 보통이다 □ 나쁘다 □
- 인쇄·제본 상태가: 좋다 □ 보통이다 □ 나쁘다 □

■ 앞으로 푸른역사에서 출간됐으면 하는 책은?

■ 구독하고 있는 신문, 잡지 이름

■ 즐겨 듣는 라디오 프로그램

■ 즐겨 보는 TV 프로그램

■ 최근에 읽은 책 중 가장 기억에 남거나 권하고 싶은 책은
책 이름   출판사 이름

■ 푸른역사 책을 읽고 난 소감이나 바라는 점